大师训练营

婚礼策划师

婚礼策划一本全

申敬燮 —— 著

青岛出版社
QINGDAO PUBLISHING HOUSE

图书在版编目（CIP）数据

婚礼策划师 / 申敬燮著 . — 青岛 : 青岛出版社，
2021.3
ISBN 978-7-5552-8602-8

Ⅰ . ①婚… Ⅱ . ①申… Ⅲ . ①结婚 – 礼仪 – 技术培训
– 教材 Ⅳ . ① K891.22

中国版本图书馆 CIP 数据核字（2019）第 214709 号

书 名	婚礼策划师
	HUNLI CEHUASHI
著 者	申敬燮
出版发行	青岛出版社
社 址	青岛市海尔路182号（266061）
本社网址	http://www.qdpub.com
邮购电话	0532-68068091
策划编辑	周鸿媛 王 宁
责任编辑	王 韵
特约编辑	尹慧琳 孔晓南
封面设计	尚世视觉
装帧设计	毕晓郁
照 排	青岛乐道视觉创意设计有限公司
印 刷	青岛名扬数码印刷有限责任公司
出版日期	2021年3月第1版 2021年3月第1次印刷
开 本	16开（850毫米×1092毫米）
印 张	16.5
字 数	330千
书 号	ISBN 978-7-5552-8602-8
定 价	98.00元

编校印装质量、盗版监督服务电话 4006532017 0532-68068050
建议陈列类别：时尚生活

　　由从事婚庆服务、管理工作近三十年的韩国婚庆产业学会会长申敬燮撰写的婚庆服务专业书《婚礼策划师》，是一本从国际视角、行业视角、业务视角出发，为婚礼服务从业人员——婚礼策划师提供的非常务实、前卫、时尚的专业书籍。

　　本书图文并茂，言简意赅，生动有趣，专业性强，既有理论高度，又有实践深度。从国际视角来看，该书对韩国、欧美多个国家及中国的婚礼策划师的业务进行了归纳总结和介绍；从行业视角来看，该书介绍了当前婚礼策划行业的发展趋势，拓宽了婚礼策划师的职业视野。本书不仅是一本对婚礼策划从业人员非常有价值的工具书，也可以成为婚庆服务与管理专业的教师和学生的参考书。

北京社会管理职业学院教授

王晓玫

　　随着"韩流"风靡全球，韩国的婚庆文化也对亚洲的多个国家产生了不小的影响。为了吸取韩国婚庆行业的经验，近年来，越来越多的从业人员选择访韩学习，有些国家还会邀请韩国婚礼行业专业人士前往本国传授经验。申敬燮会长身为韩国婚庆产业学会会长，有近三十年的经营婚礼堂的经验，是韩国婚庆行业首屈一指的专家。申会长不仅有丰富的实操经验，还于大学开设相关课程，培养专业人才。

我作为韩国婚礼策划师协会会长，与申敬燮会长一起将与韩国婚礼服务相关的国家职业能力进行了标准化处理，并共同开发了相关的学习模型。如今，看到申敬燮会长在以韩国标准婚庆服务为基础的同时结合中国国情，在中国出版《婚礼策划师》一书，我感到非常高兴。我相信，这本融合了教育经验与工作经验的书，可以帮助千千万万从事婚庆行业的专业人士。祝贺申会长出版此书。

韩国婚礼策划师协会会长，韩国祥明大学婚庆商业学教授

金昶奎

申教授的婚礼策划案例在韩国和中国的婚庆行业中口碑甚好。这得益于她将长年从事婚庆教学积累的经验巧妙地融合到实践中。如今，她又将这些经验用教材的形式呈现出来，实属难得。在此先向申教授表示热烈的祝贺！

可以预见，这本书的问世将会给中韩两国婚庆从业人士、婚庆专业的教学人士和学生带来很大的帮助！

泉州华光职业学院董事长

吴其萃

我所认识的申敬燮会长是一位事业心强、不断进取的女士，她撰写的这本《婚礼策划师》可以让婚礼策划师和对这一职业感兴趣的人士对婚庆行业有更深的理解，拓宽视野，提升职业素养。

中国传统文化促进会婚庆文化产业发展委员会会长

上海婚庆行业协会名誉会长

曹仲华

申敬燮女士是亚洲现代婚庆行业的先驱，也是中韩婚礼文化交流的使者。很高兴申会长在从事婚庆行业近三十年后，终于迎来了自己的第一本中文书。本书将婚

庆策划理论与实践融合，堪比婚礼策划师的教科书。通过阅读本书，婚庆行业从业人士可以提高专业度，了解职业实务并进行具体的职业规划。

为此，我要向所有中国婚庆人推荐这本好书，因为它将点亮你的职业之路！

云南省婚庆行业协会会长

姜亚碧

申敬燮会长是一位可以分享自己对婚庆产业与文化发展观点的伙伴。申会长为了撰写这本书在中国驻留了很长时间，而且为了理解中国婚庆文化，不断与各省婚庆行业协会交流。这是一本可以让中国婚庆行业从业者拓宽视野、深度理解行业特色以及应具备何种职业素养的潜心之作。

四川省婚庆行业协会会长

王亦平

一个好的婚礼策划师，不仅要学会市场调研、思考消费者心理、定位、制订策略，更要学习表达方式和营销手段。这本书可以帮助你更好地思考如何为客户服务、提升婚礼商品品牌价值和自身价值，最终实现行业梦想和初衷！

黑龙江省婚庆礼仪行业协会会长

王光

距离与申敬燮会长在中国婚庆行业协会的活动上相识，并邀请申会长参加广东省婚庆行业协会活动已经过了五年。申会长身为教授、企业家以及学会会长，始终坚持为婚庆产业发展献策出力，并将其经验、心得融合在这本书中。这本书有助于让婚庆行业的从业人员以及学习婚庆专业的学生拓宽视野，深度理解婚庆行业，提升职业素养。

广东省婚庆行业协会会长

林雪吟

为了撰写这本书，申会长不仅多次拜访我位于南京的婚礼堂，还通过我收集了很多资料，我为申会长的热情与毅力鼓掌！我确信，本书会为婚礼策划师提供全方位的帮助！

江苏省婚庆行业协会会长

常真

在消费升级的时代，优质的产品和服务便是最好的营销。如果你希望跟上婚庆行业发展的脚步，那么这本书值得一看。

中国花海阁婚礼文化产业集团有限公司董事长

海风

本书以申敬燮会长丰富的实务经验为基础，结合了有深度的理论内容，并介绍了最新的婚庆行业发展趋势。通过阅读此书，婚礼策划师可以更为专业地为准新人策划出令他们难忘的与众不同的婚礼。为此，我向中国的婚礼策划师以及梦想成为婚礼策划师的预备军大力推荐这本书。

韩国京畿大学观光经营学客座教授

沈惠敬

婚姻乃人生大事。在中国，洞房花烛夜更被认为是"人生四大喜事"之一，其重要程度可想而知。从古至今，虽然婚礼的形式在慢慢变化，但家庭始终是人类生活中最基本、最重要的社会组织，是社会生活的基本单位。因此，婚姻在人类心中的重要地位是无法撼动的。婚姻不仅意味着两个相爱的人的结合，也意味着两个家庭的融合。

一般来说，我们把婚宴称为"喜宴"，韩国料理中也有因喜宴而得名的喜面。喜宴既有婚礼仪式的庄重，又有一般宴会的喜庆，是一场意义非凡的宴会和派对。随着都市男女工作越来越繁忙，新人在家准备婚宴越发困难。为了满足新人的需求，市场上诞生了越来越多的以提供宴会餐饮为主要服务内容的婚庆服务机构，婚庆行业亦逐渐形成。婚庆行业发展到现在，业务已包含婚纱选定、婚纱照拍摄、蜜月旅行规划等，从业者也越来越专业，还慢慢产生了流行趋势并衍生出许多商品，这时就需要有人在信息过载的环境中，考虑新人的实际需求，设计出最适合新人的婚礼。因此，婚礼策划师这一职业应运而生。

婚礼策划师是以新人为服务对象，规划婚礼所有流程的专业人士，且扮演着咨询师、信息提供者、营销师等多重角色，从业人员大多为女性，但目前男性婚礼策划师的比例有增大的趋势。中国的婚礼策划市场还没有完全被激活，因此可被看作朝阳产业。婚礼策划师的职能与目前中国婚庆公司的从业人员的职能看似相似，但婚礼策划师更重视新人的需求，且更侧重于婚礼企划。目前，不仅一些大学开设了婚礼策划师培训课程，一些培训院校也开设了相关课程。只要你对装饰婚礼空间感兴趣，想让新人在更漂亮的环境中举行婚礼，有服务精神，就可以在接受专业培训后成为婚礼策划师。与其他职业相比，这一职业最大的优点就是对从业者年龄的限制较小。年轻的婚礼策划师可以发挥创意，以饱满的热情投入工作；年长的婚礼策划师则可以利用自己的经验，设计出独特的婚礼。

我在韩国有近三十年的运营婚礼堂的经验，且于 2005 年在韩国梨花女子大学开设了婚礼策划师课程，开始对婚庆行业从业人员进行培训。2009 年，为了更深入地了解西方婚礼文化，我前往加拿大温哥华进行深造，更深入地学习了婚礼策划理论并在当地着手策划了多场婚礼。回国后，我陆续在韩国多所大学设立了婚礼策划师专业及婚礼产业专业，系统培养专业人才。近几年来，随着婚庆行业专业属性增强，多所大学开始设立与经营管理学、消费者行为学有关的婚庆商业博士点并针对婚礼策划师授课。

在梨花女子大学攻读服饰美学博士学位期间，为了研究京剧舞台服饰，我在北京留学了 3 年，并于 2011 年开始在北京大学韩国学研究中心以特别研究员的身份进行研究。以此为契机，我开始与中国专业人士进行交流。2013 年，我担任韩国婚庆产业学会会长后，开始与上海婚庆行业协会、泉州华光职业学院、北京社会管理职业学院婚庆服务与管理专业的专家进行交流。目前，我经常同中国各省市的婚庆行业协会和院校交流，共享资源。

为了在日新月异的 SNS（社交网络服务）时代满足年轻消费者的需求，我参与了各种不同的研究，并且一直走在培养婚庆专家的道路上。我希望本书可以给婚礼策划师、婚庆专家以及想要从事这一行业的朋友提供一些帮助。

最后，感谢所有帮助我、让我的书得以出版的人。首先要感谢给我这次机会的青岛出版社时尚生活中心首席编辑、女性时尚部主任王宁和我的弟媳——职业围棋选手黄焰，以及与我携手并进的丈夫和两个儿子。另外还要感谢让我更加理解中国婚庆文化的中国社会工作协会婚庆行业委员会总干事史康宁专家、中国传统文化促进会婚庆文化产业发展委员会会长曹仲华、云南省婚庆行业协会会长姜亚碧、北京社会管理职业学院教授王晓玫、泉州华光职业学院董事长吴其萃、中国花海阁婚礼文化产业集团有限公司董事长海风、四川省婚庆行业协会会长王亦平、美美卓越教育集团总经理美美、黑龙江省婚庆礼仪行业协会会长王光、青岛婚庆行业协会会长翟爱俊、江苏省婚庆行业协会会长常真、浙江省婚庆行业协会会长李正亮、泉州市婚庆行业协会会长杨忠雄、湖南省婚嫁行业协会会长杨喆、重庆婚庆行业协会会长吴寅东、广东省婚庆行业协会会长林雪吟、河北省婚姻服务行业协会会长姜茂辉等所有人，最后还要感谢将我的书准确地翻译成中文的梨花女子大学的片袁丞老师和尹慧琳老师。

申敬燮

2020 年 2 月于首尔

目录

C O N T E N T S

Chapter 03
婚礼商品

Chapter 04
顾客咨询与商务礼仪

Chapter
05
婚礼策划实务与日程管理

Chapter
06
婚礼仪式策划

Chapter 07
婚礼策划的创业与经营

Chapter 08
婚礼策划实例

Chapter

01

婚礼策划师概述

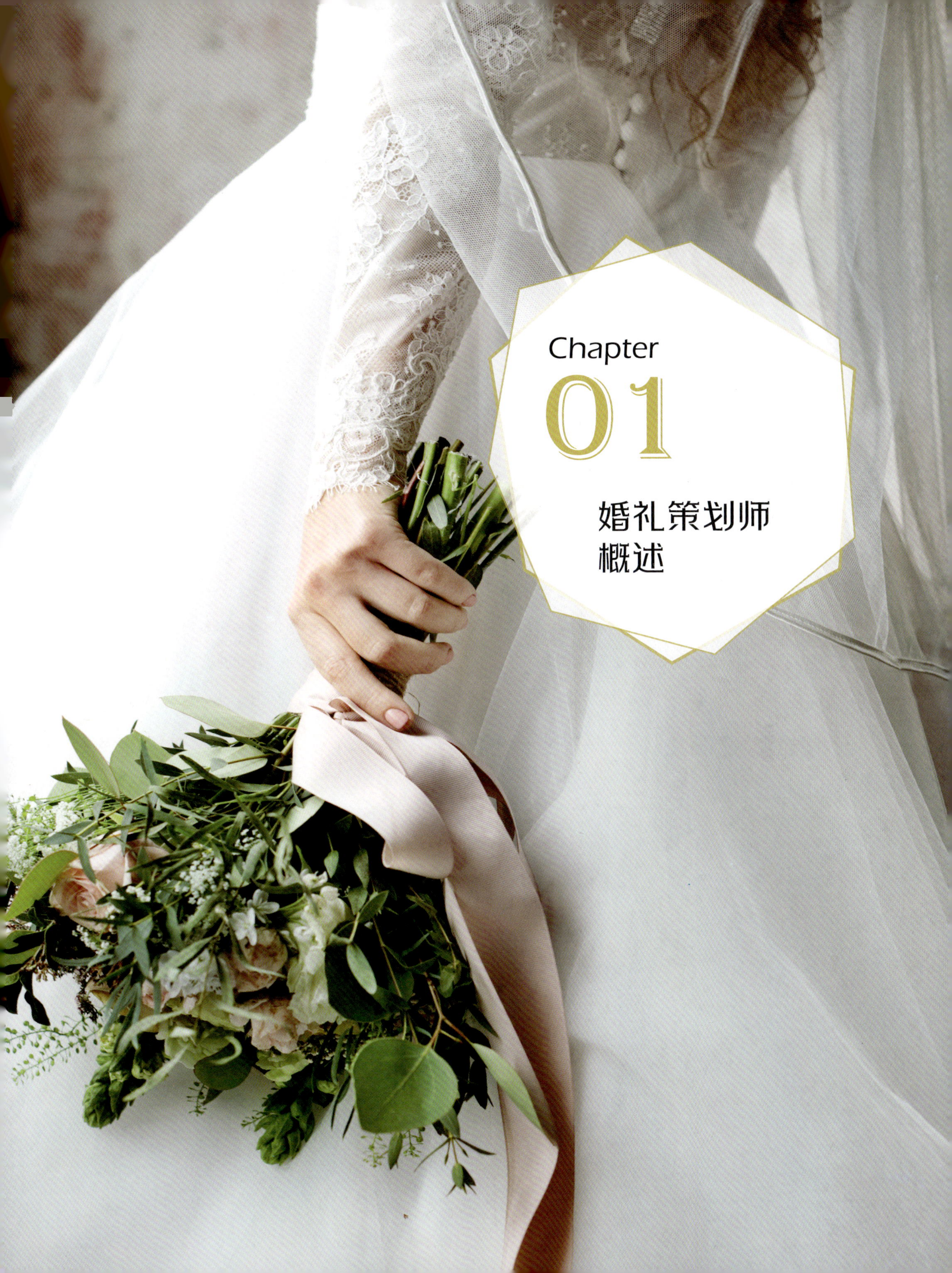

婚礼策划师的概念与扮演的角色

    将新人作为服务对象，为结婚所需的所有事宜提供策划并执行策划的过程称为婚礼策划，而以此为职业的专业人士称为婚礼策划师。

    婚礼策划师扮演着策划者、信息提供者及市场专员的角色。婚礼策划师需要经常与各行各业的人打交道，所以应该具备沟通能力和维持人际关系的能力。婚礼策划师还应当具有较强的信息收集能力，以便及时掌握婚庆市场的发展趋势。

    在婚礼策划这一行业中，女性从业人员较多，但近年来婚礼策划师不仅要做策划，还要布置场景，所以该行业对男性从业者的需求量也越来越大。此外，这一行业对从业者所学的专业、年龄、上班时间等要求相对宽松，从业者结婚以后也可以继续做这一行，而且已婚的婚礼策划师因为有结婚的经验，帮新人策划婚礼时会更加得心应手。

婚礼策划师的职能

与新人进行一对一的咨询会谈

一般来说，新人为了准备婚礼，会在婚礼进行前三个月到一年先与婚礼策划师沟通。准备婚礼的过程是快乐的，婚礼策划师要在让顾客感到愉快幸福的同时，用自己多元化的专业知识，更好地为他们服务。

为新人提供信息，根据新人的预算及喜好做计划

婚礼策划师需要为新人提供关于婚纱礼服、婚纱照拍摄、新郎新娘妆等婚礼商品，以及婚礼场地的信息。

在韩国，专业的婚礼礼堂是已经装饰好的，所以婚礼策划师不必对礼堂装饰负责。但如今，很多新人喜欢个性化的婚礼空间，希望婚礼策划师能凭借自己的专业能力，布置出不一样的婚礼空间。在中国，虽然有的婚庆公司可以承办布景，但婚礼策划师个人还是需要具备依据顾客的需求和喜好，打造不同风格的婚礼空间的能力。

不仅如此，随着新郎新娘对婚礼形式的要求日渐多样化，婚礼策划师还应当具备应对不同需求的策划能力。婚礼策划师要在熟知消费者市场及婚庆市场发展趋势的基础上，与顾客积极沟通，为顾客提供符合他们需求的婚礼策划方案，并且需要具备系统管理顾客的能力。

协调新人关系，化解新人的矛盾

在筹备婚礼期间，新人会比平时更加敏感，容易因为小事产生摩擦，甚至可能出现悔婚的情况。而在此期间，新人会比较依赖婚礼策划师，所以对于新人而言，婚礼策划师是一个有影响力的人物。在新人产生矛盾时，婚礼策划师需要扮演心理专家的角色，使新郎和新娘相互体谅。

总的来说，婚礼策划师是运用自身丰富的经验把顾客梦想中的婚礼搬到现实中的设计师，也是在准备婚礼的过程中调节新人矛盾的心理专家，还是帮顾客解决各种麻烦和纷争的婚礼守卫者。

婚礼策划师存在的必要性

在西方国家，很早就有婚礼策划师这个职业。在韩国，这一职业则产生于 20 世纪 90 年代末。韩国的西式婚礼始于 20 世纪 30 年代，当时出现了专门举办婚礼的礼堂，至今已有 90 多年的历史。直到 20 世纪 90 年代初，都是由婚礼礼堂负责提供婚纱礼服以及化妆、拍摄婚纱照等服务。从 20 世纪 90 年代末开始，出现了一些婚礼包办企业，这些企业可以提供拍婚纱照、租赁婚纱、给新郎新娘化妆和做造型等一条龙服务，服务范围与目前中国的影楼和婚纱摄影工作室相似。

2000 年之后，婚庆顾问公司在韩国出现，婚礼策划师一职正式登场，婚庆策划行业逐渐形成，成为大家眼中的朝阳行业。之后，婚礼策划师也被赋予多种称号：婚礼制作人（wedding producer）、婚礼经理（wedding manager）、婚礼形象设计师（wedding stylist）、婚礼专家（wedding specialist）等。

中国的情况和韩国略有不同，韩国的婚礼策划师基本上是单独行动，而中国的婚礼策划师大多以婚庆公司的形式出现。相同的是，婚礼策划这一行业近几年在两国的发展皆呈上升趋势，往后市场需求应该还会增加。在中国，现在有 22 所大学开设了婚庆相关学科。

根据调查，顾客认为需要婚礼策划师的理由和顾客所期待的效果如下：

★ 新人时间少 → 节约时间

由于目前双方均为上班族的新婚夫妇越来越多，新人准备婚礼的时间普遍不足，这就要求婚礼策划师更高效地策划出符合新人喜好和需求的婚礼，为新人节约时间。

★ 对于结婚时应该准备什么没有头绪或者无法拿定主意 → 准备婚礼时更踏实

虽然如今网络上与婚礼相关的信息很多，但是新人很难判断出到底需要准备什么，以及哪个商品更好。因此如果婚礼策划师可以为新人提供符合其需求的婚礼策划，可以让新人感觉更踏实。

★ 想举办特别的婚礼 → 拥有更合心意的婚礼

婚礼对于大部分新人来说一辈子只有一次，越来越多的新人希望自己的婚礼是独一无二的，希望婚礼策划师能帮自己策划出专属于自己的合心意的结婚仪式。

★ 经济方面的考虑 → 节约费用

比起自己一项一项去准备，一家一家去挑选，一些新人希望通过婚礼策划师，用更加便宜的价格购得婚礼商品，同时节约时间成本，不用去面对诸如日程安排之类的各种琐碎的问题，在物质方面、精神方面都能获益。

婚礼的流行趋势

治愈（HEALING）

近几年婚礼的流行趋势之一是"治愈"。"治愈"不是短暂的潮流，而是一种新的文化代码，强调"我的幸福""享受当下""以我为中心"，也体现了现代人想要更加爱自己、给自己充分的休息时间的心情。越来越多的新人希望自己的婚礼可以不拘于形式，可以和来宾一起愉快地享受婚礼过程。

个体化（INDIVIDUATION）

以前，我们接受的教育是更强调集体而不是个体。但是随着社会的发展和思想的多元化，"个体化"思想越来越流行，"个体化的婚礼"也越来越受到新人的欢迎。这样的婚礼更重视新人自身的感受，让他们不用瞻前顾后，考虑别人的看法。近年来，选择做单身贵族的年轻人越来越多，"个体化"的理念也被运用在一些商品的设计中。以前可以满足大家庭需求的大容量商品很受欢迎，但是现在，不少商家都在开发适合1～2人的小家庭的新产品。

个性化（PERSONALIZATION）

"我是特别的，我是与众不同的"和"要以我为中心"的理念，正在婚庆产业中慢慢流行开来。很多年轻人在设想婚礼时，不想要和别人一样的场地，也不想要一样的婚礼形式，而是想要只属于自己的独特的婚礼。主题婚礼、舞台剧婚礼、有唱歌跳舞等互动环节的婚礼正在代替按部就班的传统婚礼。个性化的需求也反映在婚纱照拍摄中，很多年轻人不想要和别人一样的造型或背景，想要只属于自己的独创的拍摄方案。现在比较流行的是有故事性、有情节的婚纱照。

自助（SELF-HELP）

随着网络的普及，大家获取信息越来越便利，所以新人也可以自己收集需要的信息，用自助的方式筹办婚礼，这也在一定程度上削弱了商家和消费者的供给关系。很多新人现在会选择自己做家具、自己拍婚纱照，这一方式也越来越流行。自助的方式常用于举办小型婚礼。

不受限制的蜜月旅行地点（FREE HONEYMOON PLACE）

蜜月旅行往往可以带给新人非常美好的回忆。如今，越来越多的新人想去欧洲、南美洲等更远的地方，来一个为期10～14天的蜜月旅行。也有不少年轻夫妻觉得去非洲等冷门的地方度蜜月更加新颖特别，所以会选择这类独特的旅行地点。另外，把在别的婚礼环节中省下的钱全部用于蜜月旅行的新人也不在少数。

目的地婚礼（DESTINATION WEDDING）

现在，有越来越多的新人选择只邀请要好的亲戚朋友举行一个小型的婚礼，所以去国外举办目的地婚礼（这种方式也被称为旅游结婚）的人数也在增加。东南亚和欧洲的一些国家正在大力推广目的地婚礼服务，吸引新人们去当地举行婚礼。

婚礼策划师的服务过程

　　婚礼策划师在进行婚礼策划服务时，一般按照下面的步骤开展工作。在此过程中需要提供的服务，以韩国产业人力公团正在施行的婚礼策划师国家职业能力标准为依据展开。

① 接待顾客咨询

顾客一般会通过网络平台（如官网、微博等）、电话、邮件、亲自到店等方式来咨询。

② 一对一咨询

婚礼策划师和顾客一对一交流，根据顾客需求和预算给出策划方案。

③ 商品选择

根据顾客的预算，选择合适的风格和优质的商品，用合理的价格销售商品。

④ 签约及日程管理

与顾客签约，代替顾客完成婚礼筹备过程中的各项工作，根据顾客婚礼仪式的日期，做好日程安排。

⑤ 婚礼仪式

婚礼仪式当天，婚礼策划师需要从头到尾陪伴新人，保证婚礼顺利进行。若出现突发情况，需处理得当。

⑥ 婚礼结束后的顾客管理

婚礼结束后进行回访，了解顾客满意度。

⑦ 保持联系，挖掘潜在顾客

为孩子的周岁宴、生日和夫妻的结婚纪念日等提供相关服务。

在开展上述工作的过程中，婚礼策划师主要提供以下服务。

表1-1　婚礼策划师服务项目

服务项目	服务内容
为顾客提供咨询	通过咨询，掌握顾客感兴趣的部分，根据要求和预算设计出方案并签约
开发婚庆用品	收集婚庆用品的资料，并及时开发与婚礼相关的新产品
婚庆用品咨询	平日就与相关的合作商建立联系，确保能为顾客推荐符合其预算的婚庆用品
管理婚礼日程	确认顾客的日程安排，制作表格，根据表格一步步完成相关工作，管理与婚礼相关的各项事宜
设计婚礼风格	设计出符合顾客需求的婚礼风格，担任婚礼仪式总策划
装扮婚礼场所	根据顾客的要求，确定举办婚礼的场所并装饰
婚礼后顾客管理	调查并分析婚礼结束后顾客的满意度，与顾客保持联系，挖掘潜在顾客

资料来源：https://www.ncs.go.kr/index.do，参考并编辑

　　英国和加拿大比韩国更早制定了婚礼策划师国家职业能力标准。这两个国家的婚礼策划师要提供的服务项目如下：

表 1-2　英国婚礼策划师服务项目

服务项目	服务内容
婚礼过程策划	策划婚礼过程并执行
婚礼仪式策划	负责策划仪式风格以及与仪式相关的所有事宜
确定婚礼主题	了解顾客需求和意愿，确定婚礼风格和主题
装饰婚礼场所	根据顾客要求，确定婚礼场所并装饰
确定婚宴饮食	确定和婚礼风格相搭配的婚宴饮食
准备请帖、伴手礼清单	准备请帖、婚礼仪式日程表等书面材料，列出伴手礼清单
设计婚礼娱乐环节	准备一些可以使婚礼更丰富的娱乐环节，如祝歌、魔术表演等
安排拍照事宜	策划婚纱照和其他婚礼照片等
准备服装	选择和搭配新娘要穿的婚纱、礼服，新郎礼服，伴郎伴娘礼服
策划求婚仪式	准备一场令人难忘的求婚仪式，告知新郎求婚要领和求婚仪式的注意事项
制订日程安排和计划	列出各个流程的任务清单，按流程完成工作，确认工作完成情况

资料来源：www.reed.co.uk，参考并编辑

表 1-3　加拿大婚礼策划师服务项目

服务项目	服务内容
提供婚纱、礼服	提供婚纱、宴会礼服、新郎礼服、伴娘伴郎礼服等
提供花卉装饰	装饰婚礼台、红毯、客桌并提供新娘捧花、新郎胸花等
管理宴会场所及设施	确定婚宴饮食、餐具等
准备婚礼请柬及名单	制作婚礼请柬，管理宾客名单
其他事宜	确定婚车、婚礼蛋糕、伴手礼清单等事宜

资料来源：Canada National Occupational Classification（NOC）（加拿大国家职业分类），2011，参考并编辑

婚庆行业前景及
婚礼策划师的职业价值

行业前景

　　只要人类社会存在，婚庆行业就会一直存在。在历史发展的进程中，虽然婚礼的形式有变化，但婚庆行业一直存在，并与当时的社会状况相匹配。很多新人都希望属于自己的这个日子足够特别，所以只要婚礼策划师够专业，这个行业就永远不会消失。

　　最近，举办自助婚礼的人变多了，虽然其中不乏经济原因，但最主要的原因是婚礼策划师无法满足新人的需求。据统计，在 2018 年，中国有约 1000 万对新人举行婚礼，这个数字看似很大，但实际上从 2014 年到 2018 年，每年举行婚礼的人数正在逐渐减少。在韩国和日本也是这样的情况。

　　在选择结婚和举办婚礼的新人中，也有很大一部分新人对婚礼的看法有所改变。如今，新人对婚礼的需求是多样化的，他们更加重视个性，喜欢专门为婚礼打造的婚宴厅，喜欢有主题的婚礼。相比于以前的大型婚礼，举行小规模婚礼的人越来越多，也有很多人选择自己准备婚礼。所以从大数据上看，需要婚礼策划服务的人数在减少，但是只要婚礼策划师足够专业，还是可以开发新顾客的。最近在韩国首尔，还出现了"婚礼经理"一词，婚礼经理与婚礼策划师的不同点在于婚礼经理具有针对顾客需求，制订有独创性的婚礼策划方案的专业能力。

智研咨询集团 2018 年 6 月出版的《2019—2025 年中国婚庆行业市场竞争格局及投资战略咨询报告》显示：2018 年，中国办理结婚登记的人数比前一年下降了约 5%，但是，由于未来 5 ~ 10 年是"85 后"和"90 后"结婚的爆发期，再加上年轻夫妇离婚率的上升导致再婚人数上升，因此未来结婚人数或将迎来增长。

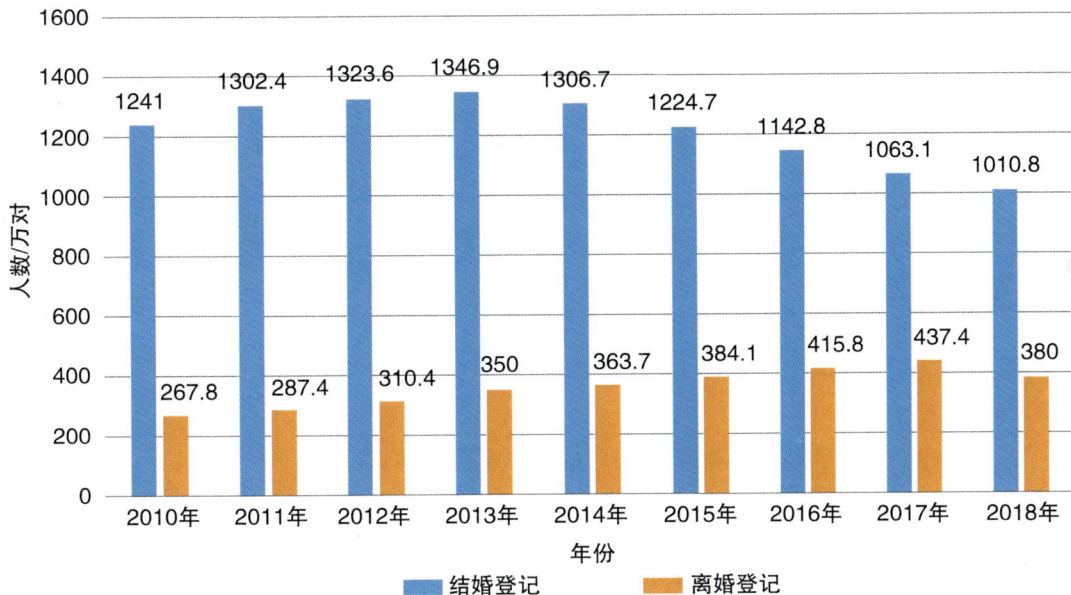

图 1-1　2010—2018 年中国结婚及离婚人数变化

《2015—2020 年中国婚庆行业深度调研与市场竞争态势报告》显示：尽管随着人口红利消失，结婚人数有所减少，但由于中国人口基数庞大，相对于其他国家来说，中国结婚人数规模仍然较大，婚庆市场需求始终很旺盛。婚庆行业资金消费不断上涨以及客单价消费的增长，将为婚礼市场带来新的增量。

据 2018 年发布的《2018 年中国婚庆行业分析报告—市场运营态势与发展趋势研究》显示：2017 年，中国狭义婚嫁消费（包括婚礼策划、婚纱摄影、婚纱礼服、婚宴四大核心产业）市场规模达 14623 亿元，预计到 2021 年，市场规模将突破 30000 亿元，未来几年婚庆行业市场潜力巨大。

其中，从长远来看，婚宴市场有望维持良好的发展势头。目前，婚宴收入已经成为酒店利润的重要来源之一，婚宴行业市场容量不容小视。保守估计，到 2023 年，婚宴行业市场规模将达到 4247 亿元。

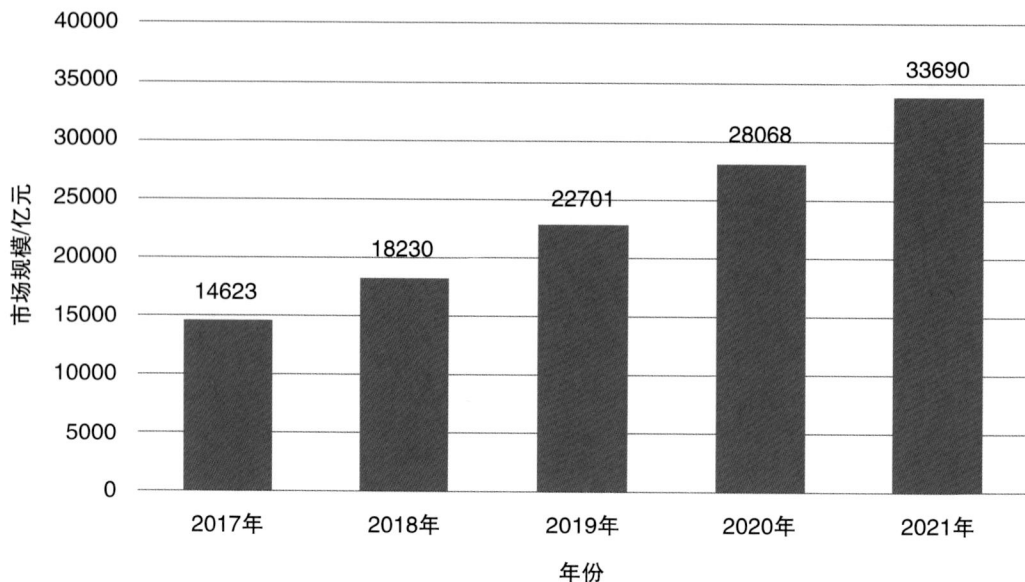

图 1-2　中国狭义婚嫁消费市场规模

资料来源：《2018 年中国婚庆行业分析报告－市场运营态势与发展趋势研究》

　　虽然每个国家居民的收入状况不同，但就婚礼策划师这一职业来讲，只要对工作足够热情，并且有丰富的专业知识，那么工作收入足以保障他们拥有高质量的生活。在西方国家，婚礼策划师的提成是婚礼总费用的 15%～20%，而且比例会随着婚礼总费用的增加而上升。在韩国，有创业热情和工作热情的婚礼策划师的年收入为 5～6 万美元。当然，想要获得高收入，就要不断积累经验，掌握属于自己的策划要领。

　　为了能够挑选出符合顾客需求的商品，制订出合理的婚礼策划方案，布置好婚礼场地，婚礼策划师需要具备对美的认知和创造力、组织协调合作团队的领导力以及热情与牺牲精神。婚礼策划师可以通过接受教育和不断练习提升专业能力。在这个过程中，婚礼策划师还需要具备提供差异化服务的能力，从而在专业领域有所进益。

　　笔者在梨花女子大学教授婚礼策划师专业课时，曾见过这样一位婚礼策划师。他会预先把蜜月旅行所需要的全部材料（包括价格及商品明细等）准备好，提供给新人做参考。他一年内能够亲自策划一百对以上新人的婚礼。还有另外一位婚礼策划师，有一次，他把新人筹备婚礼的过程拍了下来，做成视频送给了这对新人。这一做法传开之后，有很多新人慕名而来。做一个样样精通的专家很难，但我们可以只挖一口井，策划出只有自己能够做出来的特别方案，提升自己的市场价值，让顾客主动来找我们。

职业价值

有意义

给别人策划婚礼，能够经历很多既有趣又感动的瞬间。从帮新人准备婚礼到新人步入礼堂，婚礼策划师会有一种送亲人、朋友出嫁的感觉，那一刻的感动会令人难以忘怀。

个人成就感

婚礼策划师是以创意与努力为基础，加上各种其他能力，为顾客提供婚庆服务的职业。虽然准备过程复杂而琐碎，但是最终礼成的时候，婚礼策划师会有梦想成真的喜悦感和成就感。

人脉

婚礼策划师会接触到不同行业的新人和他们的亲戚朋友，以及很多从事相关行业的人。拥有人脉就等于拥有财富。通过工作，与各种各样的人交往，收获的朋友圈是人生宝贵的财富。

自由

相比于其他职业，婚礼策划师可以较自由地调节工作与生活，保持两者的平衡。虽然顾客是和公司签的合同，但基本上从顾客签约那一刻开始，所有事项都是由某一位或者一个小组的婚礼策划师来和顾客接洽的，所以婚礼策划师可以自己和新人商量，调整日程。婚礼策划师也可以自己创业，或者和其他婚礼策划师共用一间工作室，自己做老板，这样就可以偶尔在自己不想工作的时候出去放松。当然，也可以多接一些工作来做，多劳多得，选择权在自己手中。

婚礼策划师的形象

　　形象，是从某个人或某个物体得到的视觉表象或记忆、印象、感觉等，在内心形成的一种模样（Kim Jae yeong，2015）。美国的社会学家艾伯特·梅拉比安（Albert Mehrabian）博士通过研究发现，有效沟通包含以下三个要素：视觉要素、听觉要素、语言要素。它们的重要性比例为55∶38∶7，即形象、表情、肢体语言等视觉要素占55%，说话的语气、语调、速度等听觉要素占38%，谈话的内容等语言要素占7%。从这一研究结果可以看出形象这一视觉要素的重要性。

　　婚礼策划师是专业的服务人才，特别需要在顾客面前建立好的形象。婚礼策划师要有适合自己的形象，并且要不断地维护和管理自己的形象。形象好的婚礼策划师，客户总是源源不断。根据笔者的经验，这不仅仅是因为他们有美丽或帅气的外表。那么婚礼策划师需要具备什么样的形象呢？

婚礼策划师应当具备的形象

表1-4　婚礼策划师形象分类

区分	形象的内容
内在（本质）形象	价值观，知识水平，责任感，信念，积极的心态
外在（显性）形象	外貌，表情，姿势，行为习惯，穿着打扮，自信
社会性（关系性）形象	从与他人的接触中反映出来的商务礼仪，领导力，专业性

资料来源：韩国国家职业能力标准

内在形象

顾客都期待找到一位有责任心、细心、会照顾人的婚礼策划师，让自己能放心地把婚礼的筹备工作全权委托给他。婚礼策划师应当具备以下几种内在形象：

· 细心、会照顾顾客的情绪：一般来说，顾客对婚前的各项事宜很生疏，容易不安，婚礼策划师需要能感知并安抚顾客的情绪。

· 积极、热情：顾客会担心自己的提议被婚礼策划师否决，婚礼策划师应以积极、热情的态度与顾客沟通协商，力求策划出最佳方案。

· 责任心：对新人来说，婚礼只有一次，婚礼策划师需要注意各种细节，以防某个环节出现纰漏，因此责任心是必不可少的。

· 知识水平：顾客希望从婚礼策划师那里得到最专业的指导，也希望和婚礼策划师聊各种不同的话题。

外在形象

顾客会从看到婚礼策划师的第一眼起，就在心里评估婚礼策划师的能力。第一印象会在第一次见面后的 10 秒内形成，并且很难改变，所以在初次见面时能否给顾客留下好印象尤为重要。婚礼策划师可以从以下方面打造自己的外在形象：

· 干练的服装搭配：穿着干练能够彰显婚礼策划师的品位。

· 端庄且正式的服装：穿着正式可以使顾客感受到婚礼策划师在工作方面的专业性。

· 积极的态度：可以使顾客感到亲切。

· 自信：可以使顾客相信婚礼策划师在发生问题时有应对能力。

· 阳光的表情：能让顾客心情愉快。

社会性形象

在顾客和合作企业发生矛盾时，婚礼策划师要能够及时发挥领导力去解决问题。要时刻注意商务礼仪，熟悉它并将其渗透到自己的生活中。婚礼策划师可从以下几个方面提升自己的社会性形象：

· 熟练的商务礼仪：可以让顾客感受到婚礼策划师工作的熟练程度，使顾客产生信赖感。

· 温和的领导力：指婚礼策划师要以平和的态度、有效的方式与他人沟通并解决问题。

· 专业性：会让顾客更加信赖自己，对婚礼的筹备工作更放心。

打造婚礼策划师的形象

打造形象，即综合管理自身的内在形象、外在形象和社会性形象，借此改善自己的形象。打造出与自己的职业和个性相匹配的形象，可以提高商务竞争力，是一种自我变化。（Choi Hae Jeong，2013：15）

概括地说，打造形象的方法有以下几步：① 审视自己内心和外在的真实模样；② 把自己内在的个性和长处自然地表露出来；③ 选好自己的偶像，让自己的形象与他越来越接近。

在打造形象的过程中，我们可以问问自己：我希望自己是什么样的人？我的优势和劣势是什么？我希望成为什么样的婚礼策划师？

作为婚礼策划师，如何检查自己的内在形象

· 我清楚地知道自己的价值吗？

· 我尊重自己吗？

· 平时我的思考方式是积极、乐观的吗？我对未来有抱负和热情吗？

· 我有和别人共情的能力吗？

· 我喜欢和人打交道吗？

作为婚礼策划师，如何检查自己的外在形象

① 外貌

· 我的发型、妆容怎么样？

· 我的手指甲是否干净，长度合适吗？

· 我的服装干净整洁吗？

· 我的整体搭配（发型、妆容、服装、袜子、鞋等）和谐吗？

· 我的服装和工作搭吗？会不会过度新潮或者有点儿夸张？

· 服装的整体颜色搭配乱不乱？

· 这是可以凸显我的专业性的搭配吗？

· 这是可以凸显我的个性和优点的搭配吗？

② 表情

· 我的面部表情是否阳光、积极、温暖？

· 我看着顾客时是否带有柔和自然的微笑？

· 我能够根据情况做出合适的表情吗？

· 我转身之后会不会变脸？

友情提示：管理面部表情的秘诀

　　和别人聊天时直视对方的眼睛，黑眼珠不随便动；嘴角微微向上弯，露出一点儿门牙。

---

③ 交流方式

· 与顾客交流时，我用的都是顾客容易理解的词语吗？我有没有用具体、直接的词语表达自己的意思，而不是用抽象的词语？

· 我的发音是否准确？

· 我的语速会不会妨碍对话？

· 我的声音有没有魅力？有没有管理或调整音量、音调、语气？

作为婚礼策划师，如何检查自己的社会性形象

① 领导力

领导力是为了共同的目标，给予人们鞭策和动力，引导大家一起实现目标的影响力。想具有领导力，需要有活力、动力、决断力、行动力、感同身受的能力，还要热情、诚实。

· 在和顾客有矛盾时，我是否一直只说我的观点？

· 与合作企业有矛盾时，我能否客观地看待问题？

· 在婚礼当天发生突发状况时，我是否只会惊慌失措？

· 职场内部有矛盾时，我是否会只找借口，只想避开问题？

② 商务礼仪

· 我是否已经了解符合状况的商务礼仪？

· 我是否只是很客气、敷衍地运用商务礼仪？

· 我能否让对方充分地感觉到我很尊重他？

③ 专业性

· 我是否具备了策划婚礼所必需的所有技能？

· 我是否整理好了顾客能够看懂的材料？

· 我有没有与时俱进地提升自己？

友情提示：打造形象的十条规则（Choi Hae Jeong，2013：25）

第一条：敞开心扉

第二条：第一印象最重要

第三条：表情比外貌更重要

第四条：要自信

第五条：摆脱自卑

第六条：找到客观的自己

第七条：爱自己

第八条：沉浸在工作中

第九条：储备信用

第十条：尊重他人

婚礼策划师的职业伦理观

① 作为专业的婚礼策划师，要有使命感和责任感。

② 作为专业的婚礼策划师，要有敬业精神和工匠精神。

③ 首先要站在顾客的角度上思考问题。

④ 要做到公私分明。

⑤ 要保护好顾客及公司的隐私。

⑥ 作为公司的一员，要遵守职业道德，诚实地履行职务。

⑦ 为了提升自己的业务能力，要不断地学习专业知识。

⑧ 为了提升自身的形象，要不断地进行自我提升。

与婚庆相关的多种职业

婚宴设计师（WEDDING FOOD STYLIST）

　　婚宴设计师又被称为食物搭配师（food coordinator）、餐桌搭配师（table coordinator）、餐桌艺术家（table artist）、餐桌装饰师（table decorator）。婚宴设计师需要收集国内外关于料理、器皿、饰品等的资料，以便为适合婚礼风格的料理选择合适的器皿装盘摆桌。他们是婚宴中不可或缺的专业人士。

婚礼总制片人（WEDDING PRODUCER）

婚礼总制片人既可以指负责婚纱、婚纱照、婚礼彩妆等环节的人，也可以指负责婚礼全过程的人，工作职责和婚礼策划师相似。另外，婚礼搭配师（wedding coordinator）的职责也与婚礼策划师相似。从根据婚礼整体的风格对各个环节进行搭配，到准备婚礼时需要的商品，婚礼搭配师都要参与。

婚礼摄影师（WEDDING PICTURE STYLIST）

婚礼摄影师负责拍摄婚礼期间的所有照片和录像，还会根据顾客的喜好，做出精彩的视频。

婚纱照摄影师（WEDDING PHOTOGRAPHER）

在准备婚礼时，新人普遍很重视婚纱照的拍摄，所以婚纱照摄影师对新人来说非常重要。为了有市场竞争力，婚纱照摄影师一定要有敏锐的洞察力，能够了解顾客的需求。

婚礼花艺师（WEDDING FLORIST）和婚礼装饰设计师（WEDDING DECORATION STYLIST）

婚礼花艺师是负责用花来装饰婚礼空间的专业人士。虽然定义是这样的，但多数情况下，婚礼花艺师要融合花、灯光和其他装饰品等多种元素，打造出一个恰到好处的浪漫温馨的婚礼场地。婚礼花艺师可以从布置整体空间、打造独特氛围的过程中获得巨大的成就感。婚礼装饰设计师的工作范畴则更广一些，需要根据婚礼的主题，将花艺、婚宴餐桌装饰、婚礼场地的其他装饰品搭配起来。

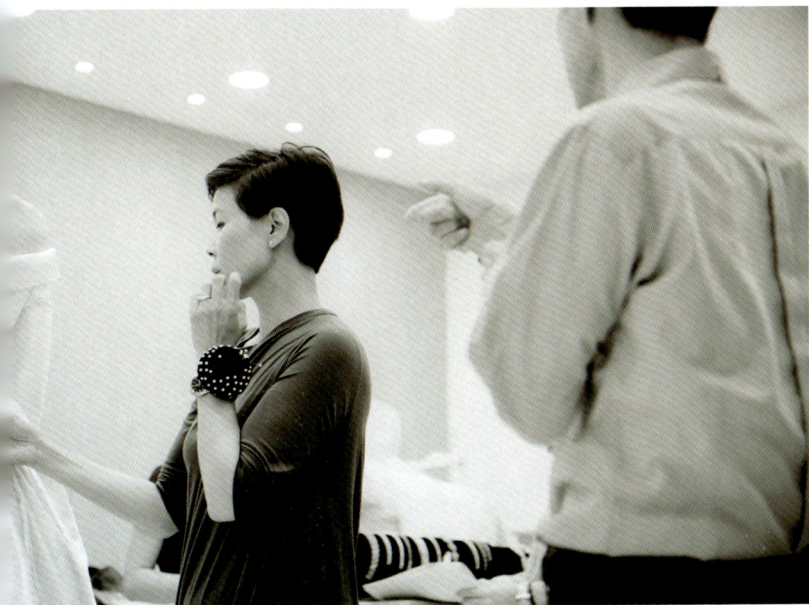

婚纱设计师（WEDDING DRESS DESIGNER）

婚纱设计师是帮助新娘实现公主梦的人，他们可以将每个女孩都有的公主梦搬到现实中。婚纱设计师既要懂设计、有品位，又要掌握消费者的需求和市场的流行动态，还要把它们融合到婚纱里。他们在婚庆行业中扮演着核心角色。

婚礼化妆师（WEDDING MAKE-UP STYLIST）

婚礼化妆师是根据婚礼的风格和新人的外形，专门为新人化妆的人，也被称为婚礼彩妆艺术家（wedding make-up artist）。婚礼化妆师要根据婚礼场地和装饰的风格、婚纱等，设计适合新人的妆容，让婚礼当天的新郎新娘成为万众瞩目的焦点。

职业红娘（COUPLE MANAGER）

职业红娘是专门帮助人们步入婚姻殿堂的人。他们先收集想结婚的单身人士的身体、心理、生活等方面的信息，再以丰富的经验将合适的人选进行匹配，为他们牵线搭桥，帮助他们成功步入婚姻的殿堂。越是发达的国家，年轻人的工作越忙碌，寻找另一半的时间和机会也就越少，所以在这些国家，婚介行业正在迅速发展，前景非常可观。让单身人士步入婚姻需要下很大的功夫，但正因如此，成功后会很有成就感。

婚礼活动策划（WEDDING EVENT PRODUCER）

婚礼活动策划是为了丰富婚礼仪式，在其中插入演奏、魔术、跳舞等各种活动环节的职业。这个职业比较适合喜欢为别人的快乐出谋划策的有创意的人。

婚礼策划师的故事

想要成功，先迈出第一步吧！

我是一名婚礼策划师，在一家韩国婚礼咨询公司的婚庆事业部担任本部长。在年过40之后，我想要成为婚庆专家，所以鼓起勇气去梨花女子大学环球社会教育院听了申教授主讲的婚礼策划师课程。婚礼策划师在当时是一个新兴的职业。课程结束后，我开始在清潭洞的一家婚宴厅上班，并且联合想要提供婚礼策划服务的朋友，一起投身于婚礼策划这一行业。

刚开始时，我所在的这家婚宴厅并没有固定的婚礼商品合作公司。怀着开疆扩土的心情，我开始自己一家一家地去影楼、婚纱店、美容店和其他婚庆公司拜访，积极邀请他们合作。最初有新人想要看婚纱照的样片时，因为没有合作公司，我只能带着新人去找影楼，当场看影楼的环境和样片，与影楼当场签合同。就这样过了一年，我才开始把工作做得得心应手，但由于丈夫不喜欢我周末上班，我提出了辞职。

可是还没休息一个月，就有一家周日可以休息的婚礼咨询公司找到了我，聊过之后我决定在这家公司上班。当然，我又是这家公司里

吴美花
婚礼策划师

年龄最大的员工。本以为年龄大是我的短板，谁知道因为阅历丰富，年龄反而成为我的优势，与我签约的顾客也源源不断。

在按部就班地工作了一些年后，我的级别也高了，开始担任公司的高级管理人员。在那段时间里，我靠实战铺平做婚礼策划师的路，还和其他大企业合作举办过婚庆博览会。通过这些经历，我自然而然地学到了市场营销知识，策划婚礼的水平也提高了。

随着公司规模变大，公司的体系也渐渐完善，在不辞辛苦地奔波了近十年后，我很想休息一下，就辞掉了第二份工作。但我还是闲不住，在做了一段时间的自由婚礼策划师后，发现自己做有些吃力，就成立了自己的公司，开始与一些自由婚礼策划师合伙做婚礼策划工作。在这段时间里，我可以说经历了婚礼策划师会遇到的所有事情。虽然很累，但是每天都会遇到新的挑战，这让我很快乐。这时，在韩国具有代表性的婚礼咨询公司 DUOWED 找到了我，我就开始去 DUOWED 工作。我之所以决定到这里上班，是因为我想在这里培养更多的婚礼策划人才。

回头想一想，我做婚礼策划师竟然快 20 年了。这 20 年里，我没有一次迟到早退，也没有被任何顾客投诉，看来我真的是一个称职且有诚信的婚礼策划师。

每当我需要建议时，申教授都会积极帮助我，因此当申教授委托我写一写亲身经历时，我立刻答应了。但当我提笔时，又开始思考自己有没有资格写这些东西。不过，最后我还是想给像我这样在年龄比较大的时候想开始从事某个行业的人一些鼓励，所以我写下了自己的经历。我想告诉你们，丰富的生活经验和细心周到的女性特质使大龄女性也可以从事婚礼策划这一行业，而且女性结婚以后也可以一直从事这一行业。

只要这个世界上有男人和女人，婚庆市场就不会消失。尽管不知道这一行业会如何发展，但与时俱进的婚礼策划师是婚庆市场的核心。现在我还在运营着自己的公司，月收入在 4 万～ 5 万人民币。相信我，想要成功，就先迈出第一步吧！

用心与客户交流，付出一定会得到回报

我从小就学习美术，升高中和考大学时也一直因为艺考和文化考试忙得不可开交。大学期间，一直钻研美术的我渐渐对其他专业产生了兴趣。大四的时候，我在梨花女子大学环球社会教育院听了婚礼策划师的课程。当时是好奇心和课程的趣味性驱使我去认真听课的，在课堂中我感受到了为将要共度一生的新人们工作是多么有意义的事情。就这样，没等毕业我就开始从事婚礼策划师这一职业。

我就职的第一家公司是 Planning Couture Ltd.（规划时装有限公司），这是一家为首尔大学校友提供服务的公司，刚创立没多久。进公司后，我从简单的公文制作开始学习，慢慢学到了咨询要领和对话的技巧等，这是我积累社会经验的开端。刚开始的时候，我经常感到紧张，一想到要为某个人的婚礼助力还会感到有负担。但在与不同的人交流、积累了很多人脉之后，我开始期待为更多的新人服务。起初我和新人是婚礼策划师和顾客的关系，但婚礼过后，有不少顾客变成了我的姐妹或者朋友，我们彼此都很珍惜这样的缘分。她们不是我人生中的过客，而是我人生的重要参与者。

我认为，婚礼策划师不仅仅是提供婚庆服务的人，我们最开始是为准备婚礼的新人提供信息的助力者，然后要成为倾听新人心声的朋友或亲人。在相互有了信任和默契之后，我们之间的关系是无法用语言形容的。我从大四开始做婚礼策划师，现在我已经 30 多岁了。婚礼策划师对我来说是最好的职业，我也想把这个职业推荐给更多的人，尤其是生完宝宝的宝妈们。

当婚礼策划这一行业在韩国迅速发展壮大时，不少大企业也投身于这一行业中。后来，我开始了第二份工作，开始管理下属。这时我因为结婚生子，休息了大约一年。复职时，我发现要兼顾育儿和工作实属不易，曾一度想要放弃工作，

朴秀贤
Saint Planning（韩国婚礼策划公司）代表

但是想到一直信任我的顾客，我实在舍不得就此放弃。念头一转，我想到了自主创业，因为创业后就可以自己决定上班时间，兼顾育儿和工作。

我很快将这一想法付诸行动。2015 年 8 月，我成立了自己的公司。刚开始公司只有我自己在运营，现在，我是和六七位自由婚礼策划师共事。虽然公司才成立了 3 年，但是已经和韩国婚庆行业数一数二的婚宴厅品牌签了合作协议。通过承包各种酒店婚礼、教堂婚礼以及互动型婚礼，我的公司开始在婚庆行业中崭露头角。

我想对想要成为婚礼策划师的朋友们说一句话：用心与顾客交流，付出一定会得到回报，现在就开始学习婚礼策划吧！中国的婚庆市场比韩国的大很多，脚踏实地，逐渐积累客户，慢慢地你们会发现自己已经站在了婚庆行业的中心。如果有机会，我也想和你们聊一聊做婚礼策划师的趣事。

婚礼策划师，一种为他人服务的最美好的职业

命运中没有偶然，选择决定命运。大三时，我去听了有关婚礼策划师的课程，这一选择让我找到了我的职业方向——做一名婚礼策划师。为他人策划他们人生中最幸福、最重要的时刻是多么美好的事情！我觉得做一名婚礼策划师会让我非常有成就感，所以毕业时我毅然决然地选择了从事婚礼策划这一行业。

毕业后我找到了韩国最好的婚礼策划师培育机构——韩国婚礼策划师协会，这里有很多有公信力的婚礼策划师。在这里学习了婚礼策划的相关理论后，我一直都在做婚礼策划师。

大概所有职业都是这样，在想象中都很美好，但现实并不一定是那么回事。我幻想的婚礼策划工作就和实际的完全不一样，有时我要同时兼顾 30 多对新人的婚礼，颇有些焦头烂额。所以婚礼策划师一定要细心、谨慎，还要有掌控全局的能力，要事先想好可能会发生的状况，提前想好对策。除此之外，还要有一定的眼力和临场应变能力。一定要时刻谨记，这是一个为他人服务的行业。

李秀敏
韩国婚礼策划师协会组长

虽然理想和现实不同，但是我一直认为我的职业是最美好的职业。为女人一生中最美好的时刻锦上添花是一件多么浪漫的事情啊！在这个过程中，我总是会看到顾客的笑容，听到顾客的称赞，有些顾客还会送我小礼物，来表达她们的谢意。

大学时期的选择决定了我的未来，我每天都感谢命运的这个安排。现在我已经不是新入职场的"小白"，但是我所接触的大部分新人是第一次准备婚礼，所以我一直保持初心，为他们的婚礼尽职尽责，心想这样多少能够为新人减轻一些烦恼和负担。

只要有新人，我的工作就不会停止。这一想法也会一直鼓舞我。我想对那些对婚礼策划行业感兴趣的人说：快投身于婚礼策划行业吧！我希望可以和更多的人一起分享做婚礼策划师的喜悦。

洪英润
诚信女子大学兼职教授
Very Good 婚礼咨询公司理事
Claudia Wedding Company（克劳迪娅婚纱礼服
设计公司）首席执行官

成为婚礼策划师，拥抱绚烂的人生

现在想想，我决定做婚礼策划师确实是一件神奇的事情。那是 15 年前，我在上网时偶然看到了婚礼策划师这个职业。当时韩国政府正在大力推荐"十大女性朝阳职业"，其中就有婚礼策划师，而我刚好想从事一份新的工作，所以就学习了三个月的婚礼策划和派对策划的课程。当时韩国没有婚礼咨询公司，所以我和一起听课的同学一起成立了一家婚礼咨询公司。我们一起携手，致力于共同开拓婚庆市场和创造新的婚庆文化，而这些努力都得到了最好的回报，我们很自豪，我们为韩国的婚礼咨询事业的发展奠定了基础。

婚礼策划是一种劳动付出，在这个过程中，婚礼策划师和顾客会通过交流产生共鸣，互相信任，产生新的缘分。在运营婚礼咨询公司的同时我也在帮助其他婚礼策划师，与他们分享我这么多年来策划婚礼的经验，为了给顾客提供更好的服务而不停努力着。

做婚礼策划师时，我的另一个收获就是我又拾起书本了。从 2000 年开始，韩国的婚庆产业高速发展，各个大学也开始设立与婚庆相关的学科，我开始在大学担任婚庆课程的导师。以此为契机，我拿到了硕士和博士学位。现在我在诚信女子大学兼任教授，在公司里也为其他婚礼策划师提供指导。

虽然领域不同，但是做婚礼策划师时我也有过为新人提供婚纱咨询的经验，所以我也在运营婚纱店。店里的婚纱都是我亲自制作的，是最符合东方女人的韵味和体形的。制作婚纱也是一件不容易的事情，但是我认为新的挑战会让人向前迈进。

回顾过往，15 年的时光匆匆而逝。有一位新娘在她的婚礼过了很久之后联系了我，她说因为我是和她共度人生中最美好、最幸福的瞬间的人，所以她一直记得我，也一直认为我从事着一份非常有意义的工作。她的话让我十分感慨。

作为婚礼策划师，作为婚纱店老板，作为老师，我有心酸，也有喜悦，但这些感触时刻提醒着我，我的人生是绚烂的。如果你想做婚礼策划师，我一定双手赞成。至于这么推荐婚礼策划师一职的理由，我相信你会在做婚礼策划的过程中找到答案的。

CLAUDIA

专业系统的学习是实现梦想的保障

2004 年，我以一名婚礼主持人的身份进入婚庆行业。经过艰难的摸索和成长，2008 年，我开始兼任婚礼策划师，开始策划各种独具特色的婚礼，逐渐摸索到婚礼策划的方法并得到了行业认可。2012 年，我创立了美美卓越婚礼学院，至今已经影响了两万名学员。2016 年，我发起了中国婚礼行业务实型行业盛会——中国卓越盛典，该盛典至今已举办四届，线上线下参与人数达 50 万。

2019 年，美美卓越品牌升级，目前旗下已拥有美美卓越商学院、美美卓越婚礼学院、美美卓越花艺学院三个学院，三者并驾齐驱，共同组成了美美卓越教育集团。

回望自己十多年的婚庆行业从业经历，我想与大家分享的是，作为一个专业的婚庆行业从业者，具备专业的知识既是对新人负责，也是对自己的职业生涯负责。对于新人来说，婚礼一生只有一次，婚礼过程中的每一分钟都将成为他们难忘的回忆，婚礼的所有来宾在观礼时都能感受到幸福和快乐。而婚礼策划师就是这种美好场景的导演，可见一名专业的婚礼策划师对于婚礼的重要性，说一名专业的婚礼策划师是完美婚礼的保障也不为过。无论您是准备从事婚礼策划行业，还是已经开始从事这个行业，我都真诚地建议您，一定要进行专业系统的学习。

美美
美美卓越教育集团总经理
中国卓越盛典创始人

当你找到自己的热爱，所走的每一步都将充满乐趣

2012 年初，我还在广州，作为普通的办公室职员，每天做着安稳、重复、单一的工作。有一天，我有幸见证了一场主题为"暮光之城"的婚礼。没想到，它成了我心头的"白月光"，也点燃了我成为一名婚礼策划师的梦想。但那时，招聘网站上与婚礼策划师相关的信息非常少。怀着满腔热情，我递出了与招聘条件完全不相符的简历。庆幸的是，一个月之后，我收到了面试通知。就这样，我来到了花海阁北京总部。"我甘愿一切从头开始，和所有以梦为马的诗人一样。"在真正进入这个行业时，我在朋友圈分享了这句话。这是我心境的真实写照，梦想得以实现，对我来说是莫大的幸运。

通过不断深入学习，我发现，"婚礼"是个非常感性的词，我们读到它的时候，想到的是芬芳的鲜花、华丽的婚纱、动人的誓言，但策划本身是一件理性的事，执行力是它的核心。因此，在整个服务过程中，我们既要能被新人的爱情故事打动，在场布设计或流程中融入他们的专属元素，又要保证自己能保持冷静，统筹并完成好整场婚礼。但也正是因为婚礼现场能一次次触动我，让我感动，我才有了坚持下来的力量。每次见证浪漫的仪式时，我都能清楚地感受到，一切的辛苦都未曾被辜负。有幸经历这些，在最好的时代见证最美好的感情，还不足够美好吗？

我真的非常庆幸自己成了一名婚礼策划师。经过锤炼，我已经进化成了一个多面手，这样的职业特性使我更加自信，即使面对全新的挑战，我也不会退缩。同时，当"北漂"的这几年，我收获了几百对新人的信任，甚至跟有的新娘成了能一起泡温泉、逛街、吃饭的闺密，都说当"北漂"很苦，可我始终觉得很幸福、满足。我也要感谢自己所见证的这些美好，它们让我敦促自己做一个温暖、真诚、懂得感恩的人。我曾无数次在舞台一侧感慨，温柔的人是会有福报的，就像台上的新人一样！

婚礼如同艺术品一般美好，而且这种美好是无止境的。在未来的职业道路上，我将秉承初心，不辜负新人，不辜负自己，坚持学习、积累、创新，将这份热爱延续，实现新人和自己的一个又一个梦！

万飒（Elsa）
北京花海阁婚礼策划有限公司
婚礼策划师

温馨小贴士

在成为一名婚礼策划师之前，除了学习相关的专业知识，还要做以下准备：

1. 了解婚礼策划师的职责和发展前景。

2. 收集近年来婚庆市场发展的动向及消费者需求变化的资料。

3. 了解成为婚礼策划师的必要条件。

4. 明确自己想要成为什么样的婚礼策划师，并与自己的现状做对比，找到自己的优势和不足之处。

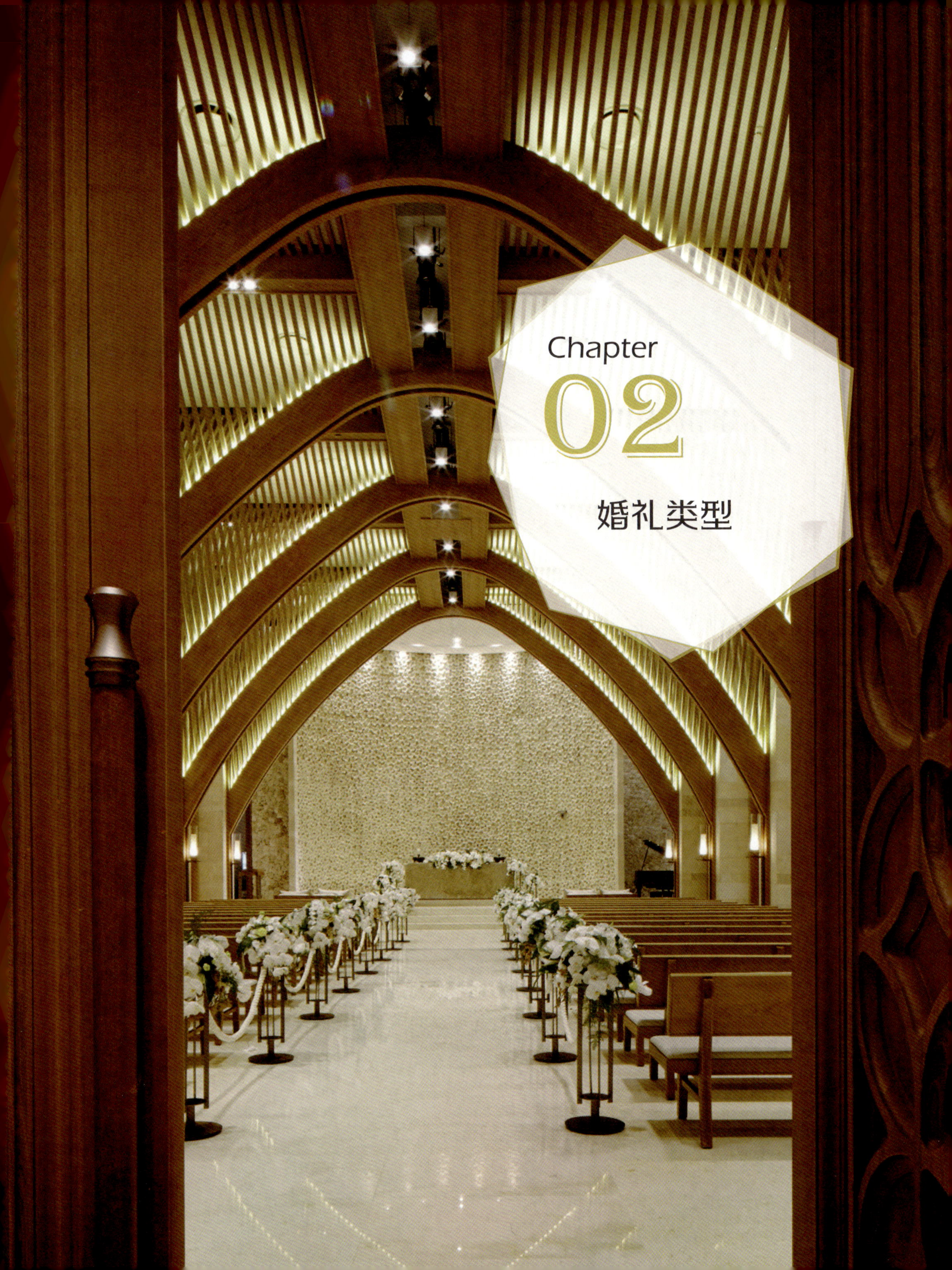

Chapter 02

婚礼类型

　　新人在准备婚礼的时候，最先决定的就是婚礼场地，所以婚礼策划师要掌握很多关于婚礼场地的信息。

　　一般情况下，根据婚礼策划师的建议决定婚礼场地的新人，还会将购买其他相关商品的事宜一并委托给婚礼策划师，所以婚礼策划师一定要准确地掌握这些信息。而且，现在有些新人为了举行独特的仪式，会特别指定某一种婚礼风格，所以婚礼策划师要了解现在市场上流行的婚礼风格，提前准备好资料，以便随时给出符合新人需求的策划方案。

　　为了确定婚礼场地，婚礼策划师必须掌握以下信息：

　　· 婚礼日期；

　　· 新人想要的仪式风格；

　　· 场地的位置（考虑宾客的出行）；

　　· 喜宴的类别（中餐、西餐等）、形式和价格；

　　· 宾客人数；

　　· 婚礼场地费用；

　　· 相关商品和服务的价格，如装饰用花、摄像等；

　　· 停车点是否需要停车费。

　　当新人希望选择价格比较优惠的时段举行仪式时，婚礼策划师可以推荐以下时段：

　　· 举办婚礼不多的月份；

　　· 假期有优惠时；

　　· 工作日（在韩国，婚礼多在周末举行，所以婚宴厅会为在工作日举行婚礼的新人提供特殊方案及优惠价。同样，在中国，一些新人选择婚礼日期时也会避开工作日，所以婚礼策划师需要结合实际情况，准备适当的方案）。

根据婚礼场地分类

酒店婚礼

很多新人希望举行一场优雅、高档的婚礼，酒店婚礼能满足这类新人的需求。酒店婚礼最吸引人的莫过于华丽的装潢、优雅的氛围、高品质的服务。一般来说，酒店会有负责装饰婚宴厅的团队为新人服务，新人可以向团队说明自己喜欢的风格，让酒店方为自己打造独特的婚礼仪式。而且大部分酒店地理位置优越，交通便利，停车空间充足，所以酒店婚礼备受新人父母的青睐，在由父母决定子女婚礼的场地时，很多父母会选择酒店。但是酒店婚礼价格偏高，特别是如果宾客很多，对一些新人来说在婚宴价格方面会有些许负担。

在韩国的酒店中，喜宴一般会以西餐的形式，按每人一份的标准上餐。但在中国，喜宴的形式多为中餐，而且价格是根据每桌的宾客人数来计算的。在韩国，婚礼仪式场地和喜宴场地大多是分开的，而婚礼仪式和喜宴在同一个场地同时进行的婚礼习惯上称为"酒店式婚礼""同时婚礼"。在韩国，大多数婚宴厅一天要接待三四对新人，因此把婚礼仪式场地和喜宴场地分开有利于提高场地的利用率，以便更高效地运营婚宴厅。酒店会给新人提供客房优惠、餐饮券等多种多样的折扣和福利，婚礼策划师要清楚这些活动，以便向顾客转达。

　　首尔华克山庄酒店（Walker Hill Hotel）
是韩国的特级酒店，很多韩国知名的演员都曾
在此举办婚礼。这里的婚宴厅的色调以橙色和
绿色为主，有充满古典感的圆桌、方桌、高档
蜡烛和石器等。所有的装饰都和婚宴厅的主题
相呼应，宾客在这里可以享受一场华丽的盛宴

在韩国的首尔河畔酒店（Riverside Hotel Seoul）可以眺望
汉江。宴会开席时，拉起窗帘，美妙的汉江夜景就会映入眼帘。
婚宴厅为复式双层结构，当新人走红毯的时候，观礼的宾客就像
欣赏舞台剧一样注视着新人，所有人目光的焦点都在新人身上

专业婚宴厅婚礼

专业的婚宴厅是指专为婚礼开放的空间，所以新娘休息室、父母休息室、婚礼大厅等婚宴所需的空间在这里一应俱全。在专门的婚宴厅举行婚礼最大的优点是价格比酒店婚礼低，设施齐全，更加方便。

作为现在韩国新人最常选择的婚宴场所，有的婚宴厅一天会承办好几场婚礼。现在韩国约有3000家婚宴厅，其中有700多家在首尔，而且有400多家集中在江南区一带。江南区聚集了大量的婚宴厅、婚庆公司、婚纱店、婚纱摄影店、美容院、礼服店、珠宝店等，所以这里也被称为亚洲婚礼的中心地之一。

大部分专业婚宴厅的婚礼仪式场所和宴会场所是分离的。如今，婚宴厅的装饰不比酒店的差，甚至更加高档，而且服务一流。婚宴厅会把举行婚礼用到的所有设备都准备好，婚宴饮食也很多样。每家婚宴厅都会周期性地更换风格和整体装饰。婚宴厅的劣势在于无法为每一对新人打造个人专属的婚宴厅，所以需要顾客自己去寻找自己喜欢的风格的婚宴厅。现在在韩国，有超过60%的新人选择在专门的婚宴厅举行婚礼。

　　例如，首尔的礼服花园酒店（Dress Garden）一开业就成为业界焦点。礼服花园酒店有多间风格新颖的婚宴厅，新人可以根据喜好选择自己喜欢的场地，因此该婚宴厅吸引了不少新人的关注。其中，专门打造的圆弧顶婚宴厅宛如童话故事中的欧洲宫殿，灯光投射在屋顶上，看起来就像银河系中的星群一样，视觉效果非常梦幻。

近几年，教堂风格也是婚宴厅不可或缺的主题之一。有宗教信仰的新人会在教堂举行婚礼，而没有宗教信仰又想要教堂风格的新人则会选择在教堂风格的婚宴厅中举行婚礼。

为了在众多教堂风格的婚宴厅中脱颖而出，Noble Valentin（韩国首尔的一家婚礼堂）打造了如下图所示的婚宴厅。婚礼进行时，新娘在浑厚悠远的钟声中缓缓入场，明亮的光束打在新娘身上，新娘的脚步缓缓地移动，整个婚礼的氛围庄严而神圣。

该婚宴厅融合了教堂的唯美神圣感和宴会的喜庆感，是一间恢宏大气的宴会厅

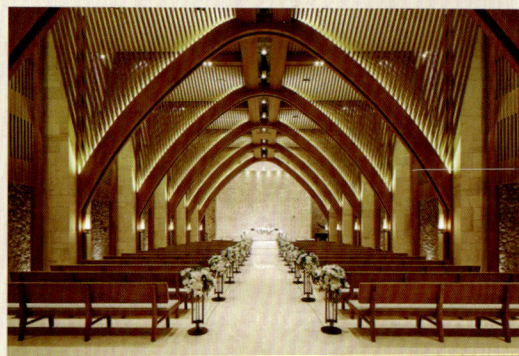

　　这家婚宴厅的装饰融入了有现代感的教堂元素。
虽然不是真正的教堂，但是氛围与教堂相近，所以
有不少喜欢教堂的神圣感的新人会来这里举行婚礼

如今，随着新人的需求越来越个性化，常规的主题难以满足其要求，所以一些婚宴厅管理者会请一些出色的婚礼空间设计师为婚宴厅打造更具个性的、轻松的、注重新人和宾客感受的主题宴会厅。这样的婚宴厅多了，就逐渐形成了"Partyum"（意为进行派对式婚礼的地方）品牌市场，这也逐渐成为一种流行趋势。不管是阁楼、小房子还是空仓库，只要给婚礼空间设计师一处场地，他们就可以设计出适合举办婚礼的空间。

一直以来，中国的大部分新人会选择在酒店举行婚礼。但是近几年，上海、昆明、南京、成都等大城市也开始出现专门为婚宴打造的婚宴厅。

以位于云南省昆明市的玺尊龙婚礼文化产业集团为例，该集团在昆明市内运营着三家婚宴中心，除婚宴外，还可以承办周岁宴、大型会议、聚会等。最近开业的玺尊龙三期设有 10 间不同主题的婚宴厅，可以为顾客提供多样的选择，并且婚宴中心的大厅里设有婚纱、婚纱照、男性礼服、结婚礼品、彩妆等一系列与婚礼相关的柜台，以便为顾客提供服务。近几年，中国开始流行一站式婚礼服务理念，像玺尊龙这样提供一站式服务的婚宴厅也开始在中国的各大城市中流行开来。

在中国，一间婚宴厅通常一天只承办一两场婚宴，这就避免了韩国婚宴厅婚礼场次多、准备时间较为仓促等不足之处，所以笔者认为专业婚宴厅在中国将会很快普及。事实上，虽然还有不少地区的婚宴厅仍坚持一间婚宴厅每天只接待一对新人的理念，但是笔者认为一间婚宴厅一天至少要接待两对新人才可以让运营商实现利益最大化。

江苏省的南京瑞庭婚礼宴会中心位于南京中央公园湖畔，可以承办室内婚礼、户外婚礼、船上婚礼等不同主题的婚礼

　　四川省的成都印象泰和园餐饮管理有
限公司的婚宴厅是由农场改造而成的。和
在城市中举办婚礼的感觉不同，在这里举
行婚礼的新人会有一种与自然更加亲近的
感觉

上海是中国最早有专门的婚宴厅的城市。作为国际化大都市，上海称得上是中国婚庆行业发展的风向标。

成都市汇金广场的"天空之城"是一个大型商业综合体项目，由国际多功能会议中心、屋顶花园、欧式仪式堂、宴会厅等组成。屋顶花园和欧式仪式堂将传统与时尚相结合，教堂式的风格能给婚礼带来满满的仪式感。室内宴会厅可容纳 1800 人，还有配套的新概念新娘房、阳光厅等。新人也可以在户外草坪举办露天婚礼。

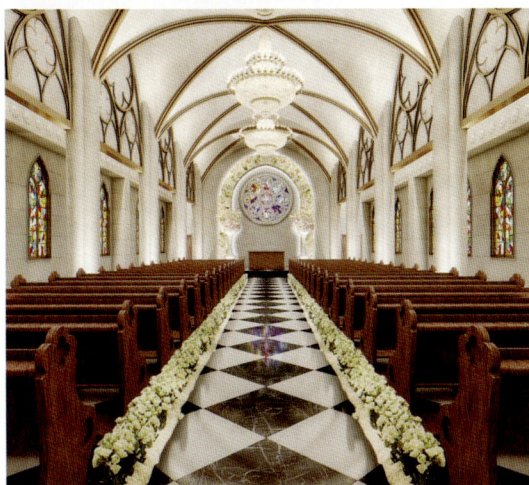

教堂婚礼

在教堂可以用低廉的价格打造有独特意义的婚礼，所以除了有宗教信仰的人，一些普通人也喜欢在教堂举行婚礼。一般规模大的教堂会收到很多婚礼申请，因此每年会有1～2次用抽签的方式确定申请人，如果有喜欢的日期要尽早申请。教堂周日一般有活动，不能举行婚礼。申请在周五或周六举行教堂婚礼的人很多，其他工作日则相对较少。

在教堂举行婚礼的新人要特别注意，婚礼所需的所有物品都要由新人自己准备，而且大部分教堂灯光较暗。选择婚纱时也要注意选择保守、端庄的款式，不可过于华丽或暴露，要和教堂的氛围相匹配。近年来，也出现了一些专门策划教堂婚礼的婚礼策划师、婚礼咨询公司，可以帮新人选择场所、安排婚宴，新人可以向这些策划师或公司寻求帮助。

小教堂（Chapel）婚礼是指基督教教会婚礼，也可以指在依海而建的度假酒店中举行的小规模商业性婚礼。在韩国，向往浪漫的情侣会去济州岛或关岛等地举行小教堂婚礼。小教堂婚礼向商业化发展并流行起来的开端是日本著名歌手松田圣子的婚礼，她在1985年举行了小教堂婚礼。随着媒体的广泛传播，小教堂婚礼开始被关注。

　　2011 年，我在加拿大温哥华以婚礼策划师的身份策划过教堂婚礼。虽然婚礼现场并不那么富丽堂皇，但和有宗教信仰的新人一起策划并准备婚礼也是一件很有意义的事。

公共机构婚礼和会馆婚礼

公共机构和会馆在承接婚礼时会根据场地情况收取一定费用，但价格一般比较低廉。选择在公共机构或会馆结婚的新人，大多是由于自己或父母在此工作或与这些场所有关联。

三星集团为员工提供的婚礼服务

目前在韩国，为员工提供婚礼场地的做法逐渐流行起来，一些公司会选择和婚庆公司合作，提供价格低廉的婚庆服务当作员工福利。例如，为方便员工，三星集团在周末会向员工开放公司礼堂，让员工用作结婚场地，此福利深受员工的喜爱。因为申请的员工多，所以需要用抽签的方式决定人选。

首尔大学校内婚宴厅

首尔大学会利用校内的空间，给首尔大学的校友提供婚庆服务。平日里教职工和学生吃饭的场所在周末会变身为宴会厅，讲堂则变身为婚礼大厅。据统计，目前选择在首尔大学校内结婚的新人已超过 1000 对，可见校内婚宴十分有人气。现在，首尔知名的大学均设有类似的给校友提供婚庆服务的婚宴厅。

笔者运营的首尔大学研究公园宴会厅以前是学校的游泳馆

韩国产业银行

　　韩国产业银行为了给员工提供福利，会将银行大厅当作婚礼场地提供给员工。选择在这里举行仪式的新人需要利用周末的时间快速布置婚礼空间。

　　需要注意的是，以上场所都不是专门为举行婚礼而建的，所以在灯光、装潢、场地等方面可能会存在问题，要提前和场地的管理人员沟通。除了空间大、价格相对低廉，这类场所还有一个优势就是停车空间充足，所以人气也很高。公共机构和会馆的婚宴场地不会对外宣传，所以婚礼策划师要自己去挖掘信息。

家庭式小型婚礼（庭院婚礼）

比起邀请不太熟的亲戚来参加婚礼，如今，年轻夫妇更想叫上自己的好朋友们举行一场规模小但令人愉快又热闹的婚礼。随着这样想的年轻夫妇越来越多，家庭式小型婚礼（也称庭院婚礼）越来越受欢迎。

家庭式小型婚礼原来是指在自家的院子里举办的婚礼，但现在大多数家庭不具备这样的条件，所以有些商家会布置出类似西方家庭的庭院，再添加一些商业化的元素，打造庭院式的婚礼场所。在婚礼所需的物品齐全、空间允许的情况下，庭院还可以用作宴会空间，但为了应对婚礼过程中遭遇雷雨天气的情况，婚礼策划师一定要提前安排好可以避雨的场所。很多庭院婚礼场所没有配备充足的停车空间，所以还要提前确认婚礼场所周围有没有停车场或可以停车的地方。另外，家庭式小型婚礼中，司仪和证婚人都需要走幽默风趣的路线来调节气氛，还要尽量选择轻快愉悦的音乐。

最近，利用酒店屋顶打造的家庭式婚礼场地很
受喜欢小型婚礼的新人的喜爱

首尔穹顶婚礼堂的婚礼场地是由楼房的屋顶
改造的，平时是餐厅，顾客有需求时可以用作婚
礼场地，这里适合承办家庭式婚礼

户外婚礼

户外婚礼可以让宾客更加轻松地享受婚礼的气氛。邀请宾客到亲近大自然的场所参与婚礼，再加上多样的互动环节，婚礼会更加热闹。大部分户外婚礼规模较小，因为不是专门为婚礼准备的场所，所以举行户外婚礼时新人需要自己准备婚礼所需的所有物品。

准备户外婚礼时，要提前仔细查看交通状况、停车空间、电源和灯光设备等。因为婚礼场所在户外，整体的氛围比较无拘无束，所以婚礼进行过程中宾客可能会比较散漫，要注意引导。餐桌的布置，红毯的装饰，新娘的服装、饰品、妆容、发型等要比室内婚礼的更加华丽，否则宾客容易将注意力放在自然环境上。此外，在户外举行婚礼还可能遇到降雨的情况，针对这些可能出现的问题要提前想好对策。

下图（左）是四川成都的幸福城婚庆宴会艺术中心五楼的空中花园，是以蓝天与游乐场为背景、建造在天台的户外婚礼场地。该婚礼堂在近年来年轻的新人较为推崇的家庭式婚礼风格的基础上，加入自然元素，打造了一个新型的婚礼空间。宾客的座椅以纯白轻纱装饰，并用浅粉色的绸带点缀，整个婚礼场地有一种轻盈、梦幻的感觉。

这是位于城市中心高楼的楼顶的户外婚礼场所。最近首尔有很多新人会利用城市中心高楼的楼顶举行户外婚礼或家庭式婚礼

船上婚礼

顾名思义，船上婚礼是指在船上举行的婚礼。在韩国，有三四家高档餐厅坐落于游轮上，穿梭于汉江水面，深受喜欢浪漫、独特风格的新人的喜爱。在中国，也有新人会在游艇上举行婚礼。

目的地婚礼

目的地婚礼是指新人邀请宾客到度假地举办的婚礼，这类婚礼大多在海边举行。演奏音乐时，海浪声与音乐交融，可以营造出一种浪漫而独特的气氛。因为在这些地方举行婚礼的费用可能比在本地举行婚礼的费用还要低，形式又特别，所以选择这种婚礼形式的新人正在逐渐增多。

在海边举行婚礼时，新郎可以光着脚穿休闲装，新娘也可以选择更舒适的礼服。婚礼结束后，宾客还可以继续享受自然风光。但这种婚礼形式的弊端是需要婚礼策划师、摄影师、摄像师、音响师、主持人、化妆师等专业人士一同前往，全程陪同，否则新人就需要在目的地寻找当地的专业人士为其提供服务。

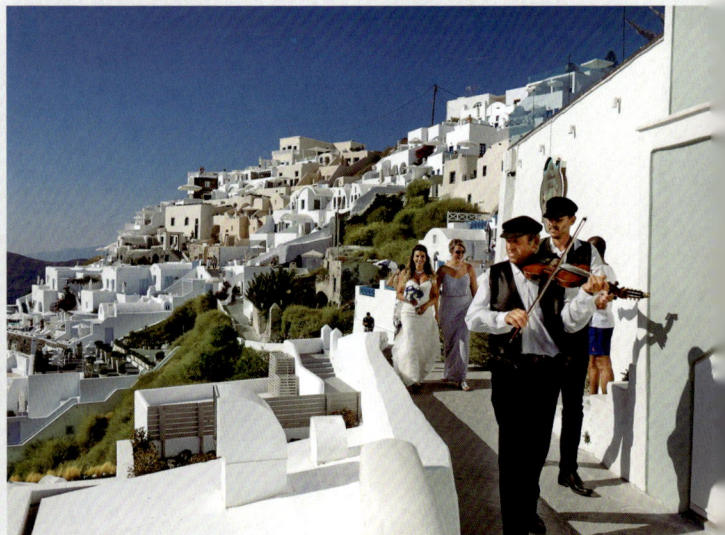

根据婚礼形式分类

一般婚礼

无论婚礼场所是哪里，遵循常规的程序举行的婚礼，统称为一般婚礼。

表 2-1 中国一般婚礼的程序

时间	顺序	内容	备注
到达婚礼场地前	1	新娘化妆	地点：新娘家
	2	新郎去新娘家	乘坐婚车前往
	3	新郎登门	进行堵门游戏
	4	去新房	新人可以利用这段时间吃饭，补充体力
	5	拍照片	
	6	出发去婚宴厅	
到达婚礼场地后	1	迎接来宾	新郎新娘、伴郎伴娘一同迎宾，其中伴娘捧喜烟，伴郎捧喜糖，新娘抱着捧花
	2	主持人开场，婚礼仪式正式开始	
	3	新郎入场	新郎提前站在舞台一侧，抱着捧花入场
	4	新娘入场	新娘和新娘的父亲一起入场，新娘站在父亲的右侧

续表

时间	顺序	内容	备注
到达婚礼场地后	5	新郎迎接新娘	新郎单膝跪地，将捧花献给新娘
	6	新人走向舞台中央，新娘的父亲下场	
	7	新人宣读结婚誓言	
	8	新人交换信物（通常是戒指）	
	9	新人拥吻，表达对彼此的信赖与爱	
	10	父母登场，答谢来宾	
	11	新人感谢父母	
	12	全家举杯	
	13	父母退场	
	14	新娘抛捧花，接受朋友的祝福	
	15	礼成，新人退场，仪式结束	
	16	喜宴正式开始	婚礼开始前先上凉菜，新娘入场后开始上热菜

表 2-2　韩国一般婚礼的程序

时间	顺序	内容	备注
到达婚礼场所前	1	新娘到达做发型和化妆的场所	新人的母亲也一起上妆
	2	新郎到达	乘坐婚车前往
	3	婚纱送达	负责婚纱的助手需要把准备好的所有东西都一并带来
	4	新人出发去婚宴厅	
到达婚礼场所后	1	迎宾	双方父母与新郎一起迎宾
	2	新娘与朋友、亲人一起在新娘休息室拍照	
	3	婚礼仪式彩排	仪式开始前 30 分钟，双方母亲、新郎入场彩排
	4	司仪宣布仪式开始	
	5	双方母亲点燃花烛	点燃花烛象征对新人的祝福，点燃花烛后双方母亲入座（新郎的母亲坐主位左侧，新娘的母亲坐主位右侧）
	6	司仪介绍证婚人	
	7	新郎入场	
	8	新娘抱着捧花，挽着父亲入场	新娘站在父亲的左侧
	9	新郎迎接新娘	新郎给岳父鞠躬后牵新娘的手，站在新娘的右侧
	10	新郎新娘怀着对彼此尊重的心对拜	
	11	新人在证婚人面前宣读结婚誓言	
	12	新人交换信物（戒指）	很多婚礼仪式会省略这一步

时间	顺序	内容	备注
到达婚礼场所后	13	朗读成婚宣言	
	14	证婚人宣布礼成，表达对新人的祝福	
	15	祝酒或祝歌	朋友们为新人唱祝歌，或有专业音乐家来演奏，偶尔会有舞台剧
	16	新人给双方父母问安	新人对双方父母行跪拜礼
	17	新人向宾客道谢	
	18	新人伴随音乐退场	
婚礼结束后	1	新人与直系家属和其他亲友拍纪念照	
	2	新娘抛捧花	朋友们聚在一起拍照时抛捧花
	3	新人换下礼服，去餐桌旁向宾客道谢	
	4	前往弊帛室	弊帛指新郎新娘换上传统服饰后，给男方家人行跪拜礼。虽然如今有些新人也会向女方父母行礼，但在原则上是向男方家人行跪拜礼
	5	准备婚车	由新郎的朋友们准备好婚车，旅行时开着婚车走
	6	蜜月旅行	仪式结束后，新人换上舒服的衣服，出发去旅行

表 2-3　中国一般婚礼和韩国一般婚礼主要的不同之处

序号	内容	中国	韩国
1	新娘化妆的场地	化妆师上门为新娘上妆	新娘去专业的彩妆发型屋化妆
2	新郎去新娘家	新郎乘坐婚车到新娘家迎接新娘	新郎在婚礼当日不去新娘家
3	婚礼前迎宾	新郎新娘、伴郎伴娘一同迎宾	双方父母和新郎迎宾，新娘在休息室等候，伴郎伴娘基本上不会一同迎宾，如果一同迎宾，则入场时也一同入场
4	点燃花烛	无此环节	双方母亲点燃花烛
5	新郎入场	新郎提前在舞台一侧站好，等候入场	新郎也走红毯入场
6	捧花	新娘不抱捧花入场，由新郎将捧花给新娘	新娘抱着捧花入场
7	前往弊帛室	无此环节	新人身着传统服饰向男方家人行跪拜礼

上门迎娶新娘时的新郎和伴郎，新郎身穿传统服饰，伴郎则统一穿了西装

没有证婚人的婚礼

一般婚礼中，证婚人会对新人说祝福语，并宣布礼成。证婚人这一角色的原型是西式婚礼中的牧师或神父。伴随着西方文化的传入，韩国的证婚文化已经有 100 多年的历史了。证婚人是结婚仪式的见证者，也是把控婚礼流程和节奏的人，新人一般会请双方尊敬的人或恩师做证婚人。

但是进入 21 世纪后，比起严肃的婚礼，有些新人更向往像派对一样轻松愉快的婚礼，因此会选择举行一场没有证婚人的婚礼。取代证婚环节的，可以是双方父亲宣读成婚宣言，也可以是父母表达对孩子的祝福，还可以是新人朗读感谢父母养育的信。在这类特色环节中，偶尔也会穿插一些歌舞表演。但婚礼毕竟是新人对宾客宣布从此开始共度一生的正式场合，所以婚礼策划师需要拿捏好分寸，不可以让氛围过度散漫。现在中国的婚礼大部分由司仪来把握节奏。

传统婚礼

传统婚礼是指新人身穿传统服饰，根据传统婚礼的程序举行的婚礼。

传统婚礼的每一个细节都有代代流传下来的宝贵意义，整个仪式值得新人久久回味。将传统婚礼改良一番后，即使在普通的婚宴厅举行婚礼也可以有传统婚礼的感觉。

目前，经过现代化改良后的传统婚礼受到了越来越多新人的喜爱。因此，婚礼策划师需要知道传统婚礼仪式的流程和各个环节的意义，并对适合举办传统婚礼的婚宴场地有所了解。在韩国，根据举行仪式场所的不同，传统婚礼的花费也有所不同。有一些场所为了宣扬传统文化，会免费出租场地给新人举行传统婚礼。

婚礼风格流行趋势

复古风婚礼

　　复古是一种把怀旧的素材或色彩与现代化的装饰风格融合起来的能给人安全感、令人舒心的主题风格。如今，很多年轻人在这个经济发达、物质生活丰富的时代想要寻求自我，希望通过复古表达与当代其他年轻人不同的个性和理念。此外，一些海归新人喜爱西式婚礼中的"旧式美学"，想把这种美学应用在自己的婚礼上。在这种背景下，复古风婚礼应运而生。

　　复古风婚礼是目前在全世界都很流行的婚礼风格之一，这也反映了一部分新人想摆脱专业宴会厅流水账式的快节奏婚礼，想要慢慢享受婚礼中的每一个细节的理念。庭院婚礼和酒店婚礼也可以看作复古情调的承载物。打造复古风婚礼时，一不小心就会导致布景看起来很破旧，所以最近流行在复古风中加入现代化的、高级的元素，复古风婚礼正在向又让人舒服又高档的方向发展。婚礼策划师平时可以看一些充满复古元素的小说、电影，听一些这样的音乐，收集素材，再把这些元素融入婚礼中。英国有一个古老的传统，那就是新娘的嫁妆中一定要包含一些旧的、一些新的、一些借来的和一些蓝色的物品，这种风俗对西方复古风婚礼的流行有一定的影响。

将朴素的田园风作为主
题，打造出复古风格的婚宴
厅，这样可以让人联想到儿
时在故乡田园嬉闹的场景，
有格外安心舒适的感觉

根据 20 世纪 20 年代的
华美复古风打造的婚礼场地

绿色婚礼

绿色婚礼（green wedding）在不同国家的叫法会有些许差异，有些国家会称其为"eco-wedding"（环保婚礼）或"eco-friendly wedding"（对生态环境友好的婚礼）。顾名思义，绿色婚礼就是对环境友好的环保婚礼。绿色婚礼的起源是复古风婚礼，特点是将资源再利用理念和旧式美学融合在一起，所用到的材料都是纯天然的、环保的，因此稍有不慎，场景就容易有落伍的感觉，所以策划时一定要把握好分寸。

对新人而言，举行绿色婚礼既可以宣传保护自然的理念，又可以用相对少的费用来举行有个性的婚礼。而参加绿色婚礼的宾客则可以在大自然中享受婚礼的美好氛围，有耳目一新的感觉。

绿色婚礼的道具主要有用可再生纸张做出来的环保请帖、用玉米淀粉等天然材料制成的婚纱、用有机食材烹饪而成的食物、连着根的捧花（这样婚礼结束后可以继续种植）等。

布置绿色婚礼的场地时，可以用当季鲜花做的盆栽来装饰，婚礼结束后可以把这些盆栽送给宾客做回礼。如果新人能多使用环保请帖，每年全球就有大量树木可以避免被砍伐，而且由于环保请帖不使用漂白剂和油性颜料，因此可以减少水污染。为了防止浪费食物，可以准备环保袋供宾客打包喜欢的饮食，或者准备餐饮时根据宾客人数准备食物，并选择烹饪、食用均较为方便的食材。仪式场地也要尽可能地减少用电量，最大限度地利用自然资源来完成婚礼。

绿色婚礼的案例

① 英国

英国是举行绿色婚礼次数最多的国家。最有名的绿色婚礼是 2011 年英国王子的婚礼。当时王妃穿的婚纱就是环保材质的，装饰品和器皿也是由可以二次利用的可再生材料制成的。英国还有很多绿色婚礼团体以及提供用环保材质制成的商品的生产商，这也促进了英国绿色婚礼产业的发达。

② 美国

美国的绿色婚礼产业也较为发达。美国有一家叫"Botanical PaperWorks"（植物纸厂）的公司，它生产的纸张可以用来种植物。还有一家叫"Portobert"（波多贝特）的绿色婚礼公司，它会事先了解宾客数量和他们与婚礼场地之间的距离、前往场地的交通方式等，以便计算此次婚礼会造成的二氧化碳排放量，给人们敲响警钟。

③ 韩国

如果说英国绿色婚礼的代表是英国王子的婚礼，那么著名歌手李孝利的婚礼就是韩国绿色婚礼的代表。李孝利的婚礼在济州岛举行，没有盛大的仪式和华丽的婚纱，连捧花和头上带的花环都是用野花做成的。她的这一举动受到很多新潮人士的喜爱，并且开始模仿她举行绿色婚礼。著名演员元彬和李娜英夫妇的婚礼形式也大致如此，他们只邀请了亲近的亲朋好友，在故乡的田间利用自然环境举行了小型的婚礼。明星举行朴实的婚礼的举动给大众带来了很多思考，也让很多人了解了绿色婚礼。

将植树作为婚礼中的一个环节，也是绿色婚礼的一个特色

自助婚礼

　　自助婚礼是指不需要婚庆公司和婚礼策划师的帮助，新人亲自准备符合自己经济条件和喜好的仪式的婚礼，在中国也叫独立婚礼。举办自助婚礼时，婚礼所需的场地、婚纱照、婚纱、蜜月旅行等，都需要新人自己布置或规划。最近，针对要举行自助婚礼的新人，有些企业在网络上提供了婚礼场地、婚纱及摄影等婚礼商品的信息和购买渠道。

　　虽然目前大部分新人是出于经济方面的考虑想举办自助婚礼，但也有专家认为是没有合适的婚礼策划师导致新人决定自己着手准备婚礼。不管怎样，选择自助婚礼的新人数量应该会持续增加。在韩国，2011 年只有不到 200 对新人举行自助婚礼，到了 2015 年，人数增长到了 1 万对，到 2018 年又增长了将近一倍。

小型婚礼

　　在西方国家，新人举行小型婚礼已经是习以为常的事。但在中国和韩国等重视仪式感的东方国家，新人通常会邀请很多宾客过来举行隆重的婚礼。近年来，因为经济不景气而不想举行婚礼的年轻人增多，加上还有一些新人为了婚后生活决定减少婚礼的花销，所以小型婚礼在中国和韩国也开始慢慢流行起来。

　　韩国政府的女性家族部（网址为 http://www.mogef.go.kr）将小型婚礼定义为"了解婚礼的真正意义，自行准备并举行的婚礼"，还为小型婚礼专门开设了网站（网址为 http://www.smallwedding.or.kr），为新人提供关于小型婚礼的信息。网站按照主题，将小型婚礼分为丛林婚礼、海边婚礼、帐篷婚礼等几种，并根据这些主题，给出了适合的场所、策划要领、合作企业等相关资料。

　　总的来说，现在的新人越来越追求小而精致的婚礼。有的新人不希望邀请父母的朋友或不常来往的亲戚参加自己的婚礼，想只邀请非常熟络的亲朋好友来办一场规模小但是能让人真正感到快乐的有意义的婚礼。婚礼策划师需要有根据顾客的需求和喜好，给出不同的策划方案并执行的能力。

表 2-4　小型森林婚礼策划方案案例

名称（形式）	小型森林婚礼
主题	分享幸福的丛林宴会
策划的意图	·摆脱都市的喧嚣，在大自然中举行轻松的婚礼 ·与好久没见的亲朋好友互诉家常，享受大自然的美妙 ·节约费用
时间、地点	2018 年 5 月 19 日中午 12：00 南京中央公园
宾客	家人、朋友、亲戚共 35 人
现场布置	将摆放照片的桌子放置在树的旁边，将照片挂在树枝上，充分利用自然环境做装饰
红毯装饰	用盆栽装饰红毯两侧，婚礼结束后，将盆栽作为回礼送给宾客，宾客看到盆栽就会回忆起当天参加婚礼的感受
新人入场	入场时用泡泡枪吹泡泡，这样可以让婚礼的气氛更轻松、亲切
签名墙	宾客可以每人按一个指印，一起拼成一棵树的形状
喜宴	准备简单的小吃或者便当，饮食要精致可口，还要注意每一份的量，避免浪费
请帖	用可再生纸张或手机发送请柬，请柬上要说明小型婚礼的主旨

资料来源：http://www.smallwedding.or.kr/model/model_02.php

重温婚礼和再婚婚礼

重温婚礼

如今，有些夫妻会在某一个结婚纪念日，为了重温浪漫的婚礼或制造美好的回忆，重新拍一次婚纱照。有一些夫妻还会让自己的孩子参与进来，共同制造快乐温馨的回忆。还有一些夫妻会叫上亲朋好友，举行一个小型的仪式一起庆祝。从结婚一周年、五周年、十周年，到二十周年、三十周年、四十周年、五十周年、六十周年等，每一个结婚纪念日都有它的意义，夫妻可以在这一天一起回顾他们的婚姻生活，也可以互送礼物。

再婚婚礼

无论是中国还是韩国，目前年轻夫妇的离婚率都普遍增高。在韩国再婚人群年龄分布统计中可以看到，30 岁至 39 岁的再婚者占总人数的 48.9%，位居榜首。目前在韩国有针对离婚人群的婚姻介绍所，也有专门机构来组织离婚人群的聚会。不仅如此，还有专门做再婚婚礼的婚礼策划师和以专做再婚婚礼为营销策略的婚礼堂。随着社会的发展，再婚婚礼在婚礼市场中占的份额越来越大。

再婚时，比起邀请宾客前来参加婚礼，很多夫妻会选择目的地婚礼的形式来避免一些烦琐的事务。但是随着离婚率升高、离婚人士的平均年龄下降，一些再婚夫妇也会租用婚礼场地来办婚宴。婚礼策划师可以把再婚婚礼看作一个新的婚庆市场，但与第一次结婚的新人相比，再婚夫妇的部分需求会有所不同，所以婚礼策划师要做好有针对性的策划并照此执行。

温馨小贴士

　　1. 婚礼策划师需要多掌握一些关于婚礼场地的信息，熟记婚礼的一般流程。

　　2. 婚礼策划师要整理出多种婚礼风格的资料以备顾客选择。

　　3. 婚礼策划师要具备装饰不同主题的婚礼场所的能力，因此平时要多思考、多练习。

　　4. 婚礼策划师要留心制作自己的作品集，收集自己策划的不同风格的婚礼，以便向顾客展示。

Chapter

03

婚礼商品

结婚照

结婚照可以记录婚礼准备过程中和仪式中最美丽的瞬间，是新人非常重视的婚礼商品之一。以前的结婚照更偏向于记录婚礼过程，而现在，结婚照更偏向于艺术作品。为了满足新人的需求，婚礼策划师要提供适合新人的多种多样的选择。

婚纱照

一般来说，新人会在举行婚礼前选一天，在室内或者室外拍摄婚纱照。在影楼拍摄婚纱照时多以拍摄人物为主，背景简单，重点是突出新人的美丽和幸福。也有一些影楼会准备很多背景，要求新人在背景前摆出多种造型，拍出像杂志封面一样的艺术感强的照片。除此之外，摄像师还会利用不同的道具，拍出新娘们古灵精怪、活泼、可爱的样子。

婚纱照主要有以下几种形式：

1.影楼婚纱照：指在配备了灯光和装饰的影楼中，利用服饰和多种道具拍摄的婚纱照。新人最基本的着装是婚纱、西装和传统服饰。

做发型、化妆 → 试穿礼服 → 到达拍摄地 → 与摄影师见面 → 开始摄影 → 结束摄影 → 选照片，等待影集制作

新人在影楼拍摄婚纱照的过程

拍摄影楼婚纱照前，首先要选择合适的影楼。新人选择影楼时一般会从以下角度考虑：① 根据想要的婚纱照的风格来挑选；② 了解影集的构成和价格是否合理，是否符合自己的要求；③ 通过翻阅样片，判断摄影师的能力；④ 了解影楼的装修和道具。

2.户外婚纱照：指以公园、森林、草地、都市繁华的街道等为背景拍出的婚纱照。

复古风格的婚纱照

3. 约会抓拍：抓拍是一种捕捉"转瞬即逝"的影像的拍摄技巧，新人可以身着日常服饰自然互动，让摄影师抓拍，营造一种约会时被抓拍的感觉，这样呈现出的表情和动作会比较自然，整体氛围也会更轻松。

4. 自助婚纱照：指新人自由选择摄影师、造型师、婚纱礼服等，自己决定拍摄风格的婚纱摄影方式。建议新人可以多利用帽子、捧花、气球、花冠等道具。

表3-1　新人拍婚纱照时的注意事项

对象	注意事项
新郎	拍婚纱照时，为了方便换衣服，可以选择系扣的衬衫类服装
	在拍照前一周剪头发，拍照时发型会更自然。不要自己预先涂抹发胶或发蜡
	准备相同颜色的袜子和皮鞋（最好准备黑色的），避免穿有花纹的袜子或长筒袜。如果有需要，可以提前准备跟高一点儿的皮鞋或增高鞋垫
	拍照时有可能会产生停车费或伙食费，所以要随身携带一些现金
	穿传统服装时，还需另外准备袜子和皮鞋
	为了摆出自然的造型和表情，要经常练习肢体动作和面部表情
新娘	拍婚纱照的前一天要休息好，睡得好才好上妆
	如果要做皮肤护理，尽量在拍照的前两天去做，前一天做的话，拍摄当天脸会容易出油
	为了方便换衣服，最好选择系扣的衬衫类服装
	拍婚纱照当天洗头发时，不要用除洗发水以外的护发产品；当天只涂抹护肤品，请化妆师上妆
	预先剃除腋毛
	预先准备好婚鞋、运动鞋或拖鞋、透明丝袜等用品
	拍婚纱照会消耗很多体力，因此不要为了显瘦而从拍摄前一天开始空腹
	准备一些糖果或巧克力以随时补充体力
	为了摆出自然的造型和表情，要经常练习肢体动作和面部表情

婚礼当天的照片

婚礼当天，新人一般会请摄影师跟拍，给自己留下一份美好的回忆。结婚当天拍摄的照片，大致可以分为抓拍和摆拍两种。

婚礼当天，摄影师会针对新人和婚礼仪式中有趣的瞬间进行抓拍。与摆好造型拍摄的影楼照或户外照不同，婚礼当天拍的照片有很多是呈现新人当天真实的状态以及与亲朋好友的互动的，目的是记录转瞬即逝的美好瞬间，所以对新人来说，日后翻看照片的时候，婚礼当天的照片可能比婚纱照更生动有趣，更能勾起自己美好的回忆。一般摄影师会从仪式开始前化妆师给新郎新娘化妆、做造型开始拍，一直拍到婚礼结束为止。当然，抓拍不是随便乱拍，也是有一定造型要求的。

摆拍是指摄影师要求新人、新人父母和伴郎伴娘等人摆出某些造型来拍照，以及仪式结束后证婚人、家人和宾客分批上台，和新人拍照留念。

一般婚礼结束后，摄影师会将婚礼当天拍摄的照片做成影集，给新人留念。

蜜月照

蜜月照原是指找专业的摄影师拍摄新人度蜜月的样子，但现在也有不少新人会在结婚前先去旅行，并拍摄婚纱照，这种方式被称为"旅拍"。新人一般会在知名的旅游胜地（如巴黎等欧洲名城、夏威夷、普吉岛、坎昆、济州岛等）拍摄蜜月照或进行旅拍。这些旅游胜地的景致大多优美如画，所以比起拍摄背景，更应该注重的是新人的穿着。预先了解拍摄地点景致、建筑的色系和天气情况，然后准备合适的服饰会大大提高照片的美感。

在度假区拍照时推荐准备白色系的连衣裙或具有当地特色和风格的裙子、有印花的纱巾等，墨镜、发卡、花冠、捧花等道具也很有用。若在欧洲的一些建筑风格和色调偏复古的城市拍照，应该避免选择彩色的服饰，要选择与背景色调较为和谐的复古风服饰。

友情提示：新人拍出满意的结婚照的秘诀

① 自信

拍摄结婚照时，自然的表情和自信是最重要的！

所有的新娘都会觉得自己有一些小的缺陷，但是有自信才能够拍出自然、美丽的照片。在拍照的时候，要通过眼睛传达笑意，嘴角也要自然上扬。担心会露出双下巴的新人，可以把头向前伸一点并微微低头，双下巴就会无影无踪了。要告诉自己："今天我是世界上最美的女孩！"

需要注意的是，新人拍摄结婚照之前不做任何准备、只依靠摄影师现场指挥是不行的，一定要在家预先练习表情。

② 回想恋爱初期的甜蜜

如果不想硬逼着自己挤出不自然的微笑或面对相机时表情僵硬的话，不妨在脑中回想一下两个人恋爱过程中最幸福的时刻。在生活中，我们可以看到热恋中的人笑容都很甜，所以回忆幸福时刻的时候新人会自然地露出笑颜。

③ 注意摆造型

在生活中，美貌和S形身材固然吃香，但在拍结婚照时，会摆造型才是最加分的。因为脸或身材的缺点完全可以通过电脑的后期加工改善，但造型是无法改变的，所以能摆出自然的造型是拍出美丽的照片的又一大秘诀。新人可以在家对着全身镜预先练习如何摆造型，拍结婚照时就可以自然地摆出好看的姿势了。

④ 充足的睡眠时间

不管是拍婚纱照那天还是结婚当天，大部分新娘一大早就要开始化新娘妆，所以很早就要起床。为了保证皮肤有好的状态，新娘前一天应该早一点入睡，保证充足的睡眠。

婚纱

婚纱是婚礼中非常重要的组成部分。为了成为世界上最美的新娘，在选婚纱时，新人要留意以下几点。

确定预算

在选择婚纱的时候新人会发现，由于材质和设计的种种区别，不同的婚纱价格也有很大区别。此外，自己购买婚纱和租婚纱的花费也是不一样的。在韩国，新娘一般会租婚纱，婚纱店的服务人员会根据新娘的体形调整婚纱的尺寸。而在中国，有不少新娘是直接买婚纱或礼服来穿的。笔者建议花在婚纱和礼服方面的费用一般不要超过结婚总花费的 5%。

婚纱款式

婚纱的款式通常用轮廓线来区分。轮廓线是指服饰的外部造型线，也称廓型。轮廓线的构成元素包括肩线（shoulder line）、腰线（waist line）和下摆线（hem line）等。根据轮廓线的区别，可将婚纱分为铃铛型、A 字型、H 字型、鱼尾型、帝国型、公主型等 6 种。

凹凸有致的铃铛型（BELL LINE）

铃铛型婚纱的特点是腰部纤细，腰部以下像铃铛一样蓬起，它不仅可以强调腰部线条，还可以利用裙摆营造蓬松感，是一种非常华丽的婚纱款式。铃铛型婚纱深受大众喜爱，属于大众款，尤其适合对自身腿形不满意或身材纤细、娇小的新娘。与A字型婚纱相比，铃铛型婚纱的裙摆更为蓬松。为了使裙摆显得更蓬松，铃铛型婚纱一般配有裙撑。

人见人爱的端庄A字型（A-LINE）

A字型婚纱以夸张的下摆和较窄的肩线为主要特征，裙子从腰部开始以45度的坡度自然地垂下来，是一款散发古典韵味的婚纱。腹部肉多的苹果形身材的新娘应尽量避免选择A字型婚纱，而腰细、臀宽、大腿略粗的梨形身材的新娘选择A字型婚纱可以扬长避短。

轮廓细长的 H 字型（H-LINE）

H 字型婚纱一般采用贴身设计，整体呈筒形，肩部、腰部和下摆的宽窄大体一致，可以包裹住新娘，呈现新娘优美的体态，是一款舒适度高、能突显新娘的好身材的婚纱。H 字型婚纱在突出新娘 S 形曲线的同时还具有流动感，适合想要妩媚、性感感觉的新娘，也适合新娘在小而精致的婚宴场地穿着，能使新娘的造型简洁而不失高贵大方。

性感妩媚的鱼尾型（MERMAID LINE）

鱼尾型婚纱膝部以上是紧身的款式，能够展现新娘美丽性感的腰身，膝盖以下则采用褶皱和荷叶边的设计，像美人鱼的尾巴一样自然地向外展开。新娘穿着鱼尾型婚纱时，走起路来顾盼生姿，仪态万千。建议身材好、较为丰满或者个子高的新娘选择这种款式，可以突显出自身的成熟妩媚，而瘦小的新娘穿这类婚纱可能会撑不起来。

女神的婚纱——帝国型（EMPIRE LINE）

帝国型婚纱应用了 19 世纪初法国拿破仑帝国时代女性服装的设计理念，拿破仑的第一任皇后约瑟芬在加冕典礼上穿的婚纱就是这种款式的。帝国型婚纱腰线较高，下摆蓬松，包含了拱形设计和直线设计，可同时彰显出新娘的女人味和可爱。由于没有束腰，怀孕的新娘和圆润的新娘穿着可以巧妙地遮挡腹部，胸部较小的新娘穿着可以掩饰这个小问题，娇小的新娘穿着则会显得又高又瘦，能展现曼妙的身材曲线。

极致优雅的公主型（PRINCESS LINE）

公主型婚纱是指带有公主线的婚纱，也可视作 A 字型婚纱的一种。公主线是指从肩部或袖笼线往下延伸至裙摆的纵向线条。公主型婚纱上半身是紧身的，腰部至裙摆则呈伞状，自然散开，这样可以勾勒出新娘纤细的腰线，使新娘看起来如公主一样优雅，女人味十足。

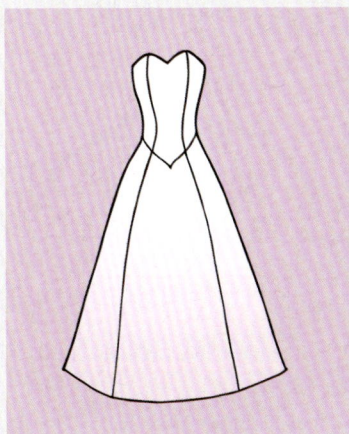

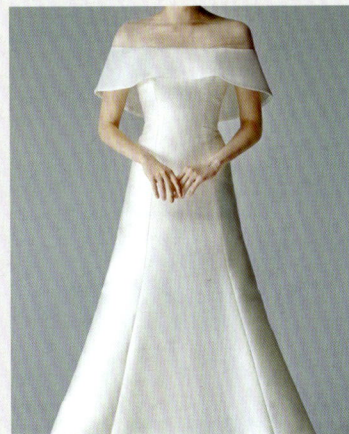

迷你婚纱

除了以上 6 种轮廓外，近年来，迷你婚纱也流行开来，成为婚纱界的新宠。

过去，新娘一般只在拍婚纱照时穿迷你婚纱。近年来，随着自助婚礼越来越流行，新娘也开始喜欢在婚礼上穿迷你婚纱。根据设计的不同，迷你婚纱不仅可以衬托出新娘的活泼可爱，还可以打造出优雅清新的造型。A 字型的迷你婚纱可以营造出优雅又可爱的气质，而拥有天鹅颈的新娘可以选择抹胸迷你婚纱，看起来会更加优雅可爱。

婚纱领口

婚纱上半身的设计非常重要。选择婚纱时，新娘需要注意观察婚纱领口和肩部的形状和线条，看看是否适合自己。

V 领　　　　　　　　　方领　　　　　　　　　一字领

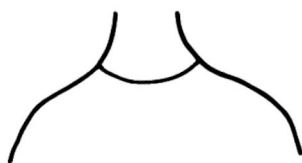

圆领

花瓣领

抹胸

吊带领

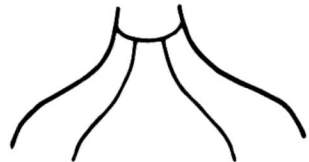

高领

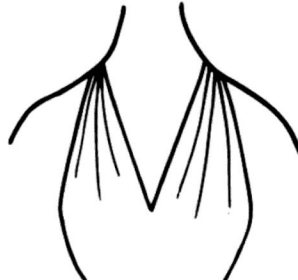

挂脖

V领（V-NECKLINE）

V领是领口向胸部以V字形开口的领口设计。建议圆脸或脖子短的新娘选择V领的婚纱，可以显得脸小、脖子长。此外，鸡心领与V领的形状有些相似，只是V领的线条是直的，而鸡心领的线条是有弧度的。

方领（SQUARE NECKLINE）

方领可以使新娘露出整个颈部，看起来清爽干练，但是国字脸的新娘尽量不要选择这种领口的婚纱。

一字领（BOAT NECKLINE）

一字领的婚纱能展现新娘肩部和锁骨的线条，下巴尖或者脸长的新娘更适合这种款式。因为一字领的设计会使领口紧贴胸部，所以胸部大的新娘尽量不要选择这种款式的婚纱。

圆领（ROUND NECKLINE）

圆领指形状接近圆形的领口，圆领的婚纱会使新娘看起来文静、温柔，适合长脸和国字脸的新娘。

花瓣领（PETAL NECKLINE）

花瓣领的婚纱领口呈波纹状，可以给人柔美、婉约又不失妩媚的感觉，适合方脸和圆脸的新娘。

抹胸（TUBE TOP NECKLINE）

抹胸裙没有领口和肩带，刚好在胸部以上呈现一字形，可以突出新娘肩部和锁骨的线条，适合大多数新娘，但是胸部小的新娘尽量不要选择这种款式。

吊带领（CAMISOLE NECKLINE）

吊带领的婚纱领口开得较大，一般呈一字形，并且没有袖子。相比于抹胸款，吊带领的婚纱更加活泼，适合各种身材的新娘。

高领（HIGH NECKLINE）

高领是一种充满古典、优雅韵味的设计，高领的婚纱适合脸小、五官精致的新娘。

挂脖（HALTER NECKLINE）

挂脖款的婚纱适合背部赘肉少的新娘，对肩胛骨、腰部和肩膀的线条也有一定的要求。

婚纱后摆

婚纱的后摆（也就是我们常说的拖尾）也是婚纱设计中非常重要的一部分，它可以给走红毯的新娘增添优雅、神秘的感觉。婚纱后摆有的固定在婚纱上，有的可以单独摘下来，设计种类很多样。后摆的长度不同，风格就不一样，给人的感觉也不同。优雅的长后摆可以让婚礼更加有仪式感，而穿着齐地婚纱的新娘行动会比较方便，因此齐地婚纱较为适合户外婚礼或用作出门纱。

婚纱面料

缎（SATIN）

缎是婚纱最基本的面料之一，它不透明且有分量，工艺也很讲究。这种面料手感顺滑，富有光泽，很有质感，既可用于制作修身款式的婚纱，也可用于制作宫廷风的大裙摆婚纱。缎面的婚纱往往简约大气，能突显新娘优雅的气质。

透明硬纱（ORGANZA）

透明硬纱是轻薄且有立体感的面料，多用于制作华丽的婚纱。这种材质的婚纱适合在春夏季节穿着，可以使娇小的新娘看起来更丰满，更优雅。

塔夫绸（TAFFETA）

塔夫绸的表面经过加工，富有光泽，会随着光线角度的变化呈现不同的感觉。它看起来有种纸张被揉皱了的感觉，新娘穿着用这种面料制成的婚纱走路时会有沙沙的声音。塔夫绸可以用来增加婚纱的立体感，可用于制作鱼尾型、A字型和公主型婚纱。

雪纺（CHIFFON）

雪纺表面无光、轻薄透明、柔软飘逸，是织布中最柔软的材料。因为柔软，所以会随风飘动，多用于制作帝国型婚纱，可以突显女性的妩媚和女人味，还可以让体形高大的新娘看起来纤瘦且优雅。

蕾丝（LACE）

蕾丝是永远都不会过时的材质。若想设计出精致优雅的婚纱，无须全部使用蕾丝，只需用其做点缀即可。

薄纱（TULLE）

薄纱和透明硬纱有点相似，但会使人显得更加活泼轻盈，一般用于制作铃铛型婚纱或面纱。薄纱轻盈透明，可以突出新娘纯洁的形象。

婚纱饰品

面纱

面纱是指新娘戴在头上的薄纱，象征着纯洁。

过去，面纱的主要用途是遮盖新娘的脸，但是现在，面纱的主要功能是为新娘增添美感。面纱的长度多样，材质也各不相同，选择面纱时要根据婚礼场地、风格和婚纱样式来定，才能使新娘更有魅力。

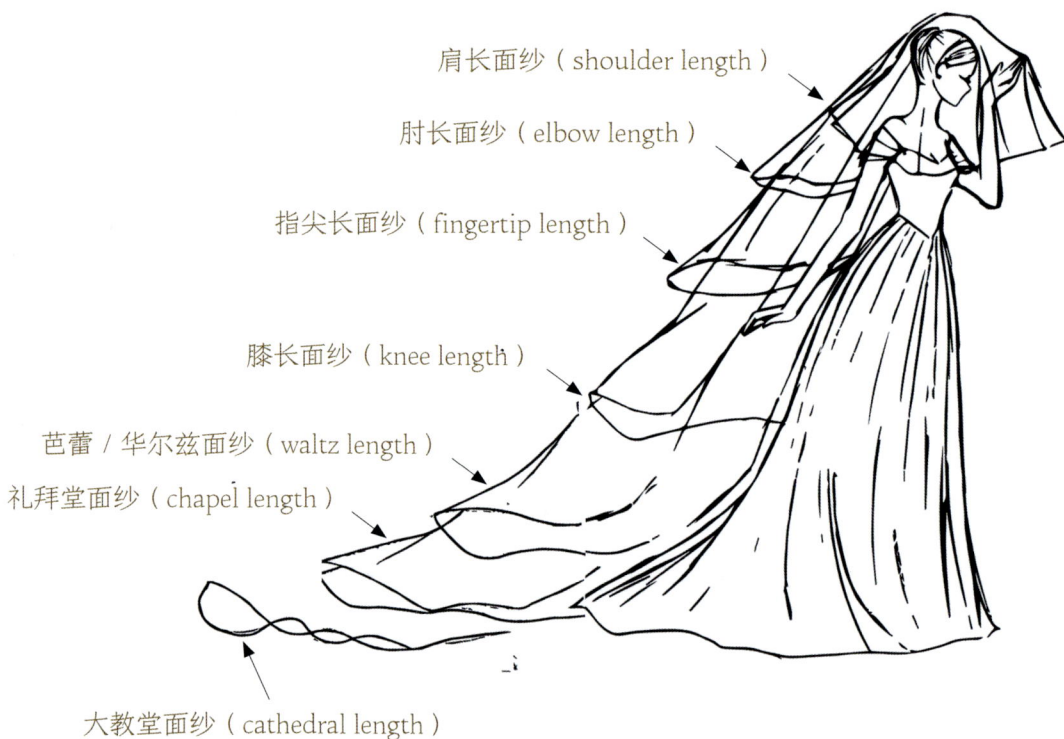

肩长面纱（shoulder length）

肘长面纱（elbow length）

指尖长面纱（fingertip length）

膝长面纱（knee length）

芭蕾／华尔兹面纱（waltz length）

礼拜堂面纱（chapel length）

大教堂面纱（cathedral length）

大体来说，肩长面纱属于短纱，适合短发新娘和款式较为特别的婚纱，可增添俏皮可爱的感觉，也很适合小型婚礼和森林婚礼；肘长面纱、指尖长面纱、膝长面纱、芭蕾／华尔兹面纱能够搭配大部分款式的婚纱；礼拜堂面纱和大教堂面纱属于拖地面纱，需要搭配后摆较长的婚纱，两者搭配起来，格外能够展现婚礼的神圣感，给人高贵的感觉。

头饰（TIARA）

很多新娘在结婚时会头戴皇冠形的饰品，饰品上镶有宝石或珠宝仿造品。选择头饰时，可以根据婚纱和面纱的样式来定，也可以根据新娘的脸型来选择。

缪斯王冠

（Muse Tiara）

约瑟芬王冠

（Josephine Tiara）

棕榈叶形王冠

（Palm Tiara）

花饰（CORSAGE）

新人在婚礼上一般会佩戴胸花，也有新娘会佩戴用鲜花做成的花冠。花冠既可以作为独立的配饰，也可以用来搭配其他的珠宝和头纱。选择样式时，可根据婚礼风格、个人喜好、季节等因素来挑选。

婚鞋

婚鞋也是新娘着装中非常重要的一环。选择时，要充分考虑礼服的风格、颜色以及婚礼的场地等因素。选择白色婚纱或在教堂举行婚礼的新娘适合选择白色、银色等颜色较浅的婚鞋，突显高贵、神圣的感觉，而选择中式礼服的新娘适合以红色的婚鞋来搭配。如果觉得婚鞋的颜色有些单调，可以选择有装饰的或有刺绣的款式。同时，因为婚礼当天新娘不仅需要站很久，还要来回走动，所以一定要考虑婚鞋的舒适度。

如何挑选合适的婚纱

在确定了预算、了解了款式等信息后，接下来就要挑选合适的婚纱。

在影楼和户外拍摄婚纱照以及婚礼当天，新娘都要穿婚纱。选婚纱时，要充分考虑场合、季节等各方面的因素。婚礼当天要穿优雅端庄的婚纱，而在户外或影楼拍照的时候可以选择华丽夸张的婚纱。在春季和夏季可以选择蕾丝材质的婚纱，秋季和冬季则可以选择优雅的缎面材质的婚纱。

一般来说，新娘在婚礼举行前一个月要选好婚纱，并在仪式前一周再次试穿婚纱，确认婚纱合身与否。

根据身材挑选婚纱

① 个子高、较瘦的新娘

虽然这样的身材是大部分女性梦寐以求的理想身材，适合大多数婚纱的款式，但是也要小心不要显得太瘦弱。所以这种身材的新娘适合选择立体感强的铃铛型、A 字型婚纱，能使自己看起来更丰满。

② 个子高、微胖的新娘

这样的新娘适合显瘦的 V 字领、不太显高的上下分离型设计和简单的 A 字型婚纱。上身可以选择蕾丝等柔软轻薄的面料，裙子可以选择简单、无装饰的款式。还可以用简约的长款面纱稍作遮挡，这样就不会暴露身材的缺点。不要因为个子高就选择宽松的一字领婚纱，这样的款式可能使人看起来像水桶一样，没有凹凸有致的感觉。

③ 个子矮、较瘦的新娘

娇小的新娘一般脸型和五官也比较精致，适合可爱、活泼的款式。

④ 个子矮、微胖的新娘

因为个子矮、微胖，所以为了显瘦，要更加强调竖向的线条。相比于有立体感的婚纱，这样的新娘更适合选择可爱风的婚纱，例如简单的 A 字型婚纱，上身和裙子最好是同一种面料的，领口最好是 V 字领，再用一些饰品做装饰，会非常吸睛。

⑤ 肩膀宽的新娘

对肩膀宽的新娘来说，与其遮住肩膀，将肩膀全部露出来反而更显大方。肩宽的新娘应尽量避免佩戴过多的饰品，可以选择抹胸、圆领、鸡心领的设计加上蕾丝面料，增添柔和的感觉。因为肩膀宽，人看起来会比较壮实，所以婚纱上身最好是修身的设计，这样可以突出女人味。

⑥ 肩膀窄的新娘

肩膀窄、上身瘦的新娘，可以选择佩戴一些华丽的饰品来制造立体感，这样可以完美掩盖肩膀窄的问题。

⑦ 胸部丰满的新娘

胸部丰满的新娘尤其要避免婚纱胸线过低。胸部丰满的女生可以选择整体设计比较简洁的婚纱，领口样式最好选择 V 领或鸡心领。高领和一字领会突显胸部，所以一定不要选择这两种领口的婚纱。

⑧ 胸部小的新娘

对胸部小的新娘来说，如果用了婚礼用的胸罩还撑不起婚纱的话，可以挑选胸部有装饰的婚纱，例如用蝴蝶结、胸花、珍珠等装饰，再配上大 V 领，就可以让胸部看起来有立体感。

⑨ 胳膊粗的新娘

对胳膊粗的新娘来说，相比一味用婚纱遮住胳膊，选择一字领的婚纱并用面纱遮住胳膊效果更好。为了遮住胳膊而选择泡泡袖会将大家的注意力集中到胳膊上，所以一定不要选这种袖子的婚纱。

根据脸型挑选婚纱

①脸大的新娘

脸大会让人看起来上身长下身短，所以脸大的新娘要选择强调肩部设计、上身修身、裙摆蓬松的婚纱，这样可以起到修饰脸形的作用。

②脸长的新娘

为了让脸看起来短一些，脸长的新娘要选择一字领或者蓬松的高领铃铛型婚纱，这样可以将视觉中心集中在婚纱上，让人忽略脸长的问题。

③倒三角形脸的新娘

这种脸型的女生会让人感到不易亲近，所以要选择可以增添柔和感的婚纱。比起优雅的风格，可爱型的婚纱会更合适一些。为了不让下巴看起来太尖，可以选择圆领或者高领的款式来调节视觉效果。

④国字脸的新娘

国字脸的新娘看起来比较严肃。为了弱化这种感觉，可以选择大圆领的婚纱。在面料方面，可以选择缎面或蕾丝等材质来增添女人味和优雅感。

⑤圆脸的新娘

圆脸的新娘如果选了上半身立体感强的婚纱会更显胖，所以适合选择简洁的婚纱来凸显身体的线条感。领口方面，推荐选择V领或能露出肩部的款式。

根据婚礼场所挑选婚纱

① 婚宴厅

婚宴厅华丽的装潢和明亮的灯光会让所有的婚纱看起来都很美，因此在婚宴厅举行婚礼的新娘在选择婚纱时，只要注意婚宴厅的大小和装饰风格就可以了。选择只能容纳100多人的小型婚宴厅时，还选择过于华丽蓬松的婚纱，视觉上就会显得不太合适，所以选择简洁一点儿的婚纱会更好。有些婚宴厅尽管很大，但红毯并不长，这时最好避免选择后摆或面纱过长的婚纱。

② 酒店

宽敞的空间、高档的装潢、华丽的吊灯、美丽的鲜花都会使整间婚宴厅看起来很豪华，在这种情况下，选择简洁的婚纱效果反而更好。新娘穿上高档的丝绸面料制成的简约风婚纱，会和酒店优雅时尚的氛围更相配。

③ 教堂

考虑到教堂特有的氛围和灯光比专门的宴会厅暗的情况，在教堂举行婚礼时，新娘适合选择端庄成熟、有光泽感的婚纱，这样可以显得更加神圣、纯洁。还可以选择后摆长的婚纱加上长面纱，来增添女人味。切记不要选择过于裸露的婚纱。

④ 户外

在举行环境和气氛较为自由的小规模家庭婚礼时，可以选择可爱活泼风的婚纱。举行户外婚礼时，由于没有灯光，而且自然环境优美，婚纱过于简单会稍显单调，还会被自然风光"抢风头"，因此在户外适合选择有珠子、水晶、小型胸花等饰品装饰的婚纱，且要避免选择后摆过长的婚纱和过长的面纱。

新郎礼服

原本比起婚纱，大家对新郎礼服的关注度并不高，但是最近几年"西服控""西服男"等概念的流行带动了消费，有更多的企业开始专门为年轻人打造风格和样式独特的西装。人靠衣裳马靠鞍，当男人穿上适合自己的西装时，那种干练和帅气是非常能打动人心的。

在韩国，因为男艺人穿礼服的样子经常在电视上出现，大众耳濡目染后，礼服也开始流行。在首尔江南区就有 100 多家男性礼服店，男性礼服市场也开始兴起，成为婚礼市场的一部分。对于婚礼当天穿的礼服，大多数新郎会选择租一套来穿，但因为敬酒时穿的西装日常生活中也可以穿，所以大多数新郎会选择直接买一套。

新郎礼服的种类

无尾晚礼服（TUXEDO）

无尾晚礼服的代表性样式是单排扣、青果领。无尾晚礼服是近年来最受新郎欢迎的婚礼礼服样式。通常在酒店婚礼和婚宴厅婚礼中，新郎会穿黑色或深蓝色等深色系礼服；在举行户外婚礼时，则会选择亮色、格纹、条纹等时尚一些的款式。

一般来说，无尾晚礼服的裤子要和上衣配套，且用腰封代替马甲。要选用黑色的领结，且领结和腰封应为同样的面料。放在胸部口袋中的手绢一般是白色麻布的，如果上衣是白色的，可以选择黑色或其他颜色的绢布。鞋子方面，主要选择黑色皮鞋。

燕尾服（TAIL COAT）

燕尾服是西方正统的男士礼服。上衣的正面长度止于腰，背面则像两条燕尾一样开衩。一般来说，燕尾服主要是黑色和深褐色的，衣领一般是尖领或者是用绸缎做成的青果领。

马甲一般是白色的，裤子的两侧各有一条装饰用的色带。衬衫的胸部有褶皱，且衣领要朝前立起来，配白色领结。鞋子方面，要搭配黑色的牛津皮鞋或者漆皮靴。

晨礼服（MORNING COAT）

晨礼服是新郎在早晨穿的西式礼服，前襟向后、向下呈人字形下垂，后摆呈圆形，下摆开衩，上衣长度与膝盖相齐。穿晨礼服时，一定要穿马甲，并且要穿有黑色或灰色竖条纹的裤子。

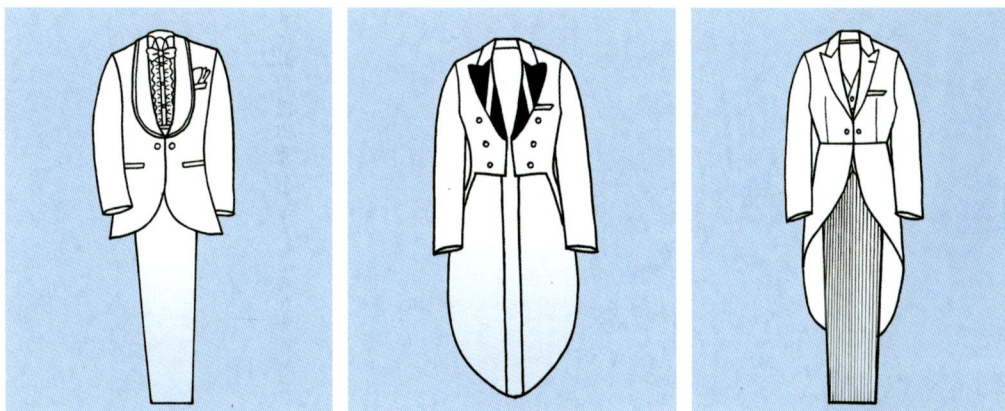

| 无尾晚礼服 | 燕尾服 | 晨礼服 |

新郎礼服配饰

领带（TIE）和领结（BOW TIE）

领结在西式礼服中主要用于搭配男士正装，有经典四方形的和钻石菱形的两种。在最近的一些派对中，派对主人会在邀请函中写上请佩戴"black tie"（黑色领结）或"formal tie"（正式的领结），这时我们就要选择系黑色领结。

领巾状领带(ascot tie)主要指与晚礼服或燕尾服搭配的长条状的正装领带。

腰封（CUMMERBUND）

腰封是指男士在穿晚礼服时用到的比较宽的腰带，大多是绸缎质地的。佩戴时要注意，腰封一定要合身，不可过松或过紧。

手绢（HANDKERCHIEF）、袖扣（CUFFLINKS）等

手绢可根据折叠方法的不同变换出多种造型，新郎可根据个人喜好来叠。最早的时候，男士一般会佩戴白色的手绢，但现在男士会根据晚礼服的颜色来选择手绢的颜色。袖扣主要是用来修饰男士衬衫袖口的配饰，用袖扣可以让人看起来更加干练。

根据身材挑选礼服

①个子高、较瘦的新郎

个子高、身材偏瘦的新郎容易给人不易亲近的感觉，所以应该选择能让人看起来温和一些的礼服。可以选择驼色、象牙白色、灰色、棕色等明亮温和的颜色，配合提花、刺绣等工艺，这样可以使礼服看起来有立体感。比起单排扣，双排扣更容易掩盖过瘦的体形。直线形的衣领会让肩膀显得窄，所以新郎可以选择内搭一件马甲，这样看起来会壮实一些。

②个子高、较胖的新郎

个子高、身材偏胖的新郎可以选择燕尾服，因为燕尾服比较显瘦，尤其是黑色、深青色等深色系的燕尾服，加上领带和腰封，可以完美掩饰身材偏胖的小问题。

③个子矮、较胖的新郎

个子矮、较胖的新郎可以选择剪裁利落、线条感强的款式。可以优先考虑黑色等深色系的晚礼服或燕尾服，因为晚礼服和燕尾服比较显高，而深色系则有显瘦的效果。

④个子矮、瘦的新郎

为了避免看起来矮小，这种身材的新郎可以选择稍微宽大一点儿的礼服，且上衣不要选长款的，这样就可以达到显高的目的。还可以多花些心思在配饰上，选择华丽的领带或手绢都可以吸引眼球，转移别人的注意力。

婚礼妆容和发型

新娘妆容

　　化新娘妆的过程是唤醒新娘的美丽的过程（当然，新郎也可以化一个简单的妆容）。当专业的美妆师给新娘上完妆后，新娘会发现不一样的自己。新娘可以在选完影楼和婚纱之后，根据婚礼、婚纱的风格和自己的喜好选择一位化妆师试妆，找到最适合自己的发型和妆容。

　　新娘最好在婚礼前的 1～3 个月就开始做皮肤管理，如果是做激光等对皮肤刺激较大的项目，最好在婚礼前 1 个月做完。如果新娘是第一次做按摩等皮肤管理项目，皮肤需要一个排毒的过程，所以最好在婚礼前 3 天做完。

　　试妆过程如下：

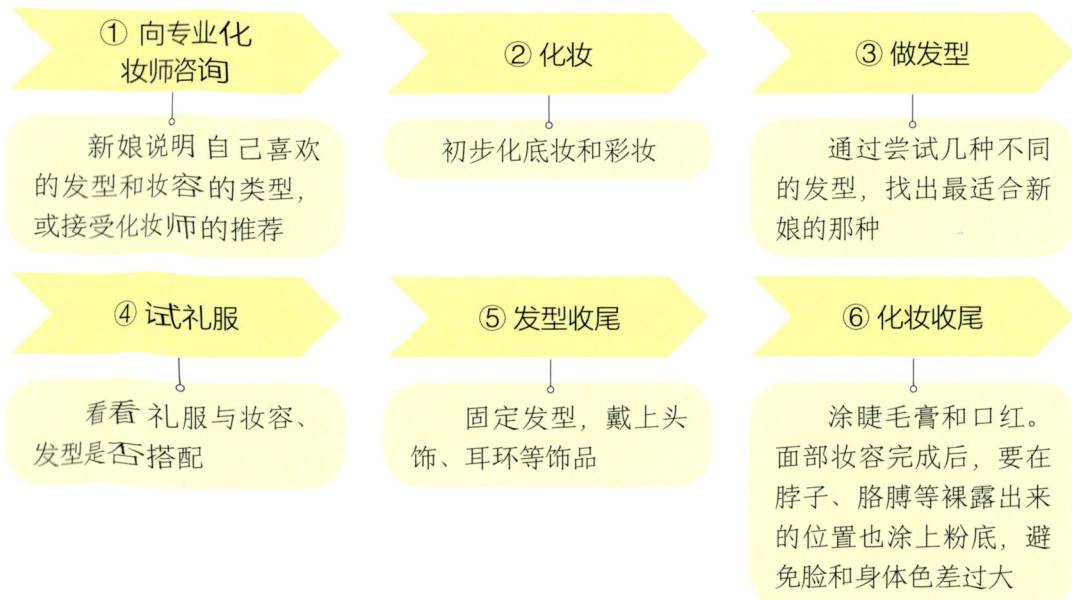

① 向专业化妆师咨询

新娘说明自己喜欢的发型和妆容的类型，或接受化妆师的推荐

② 化妆

初步化底妆和彩妆

③ 做发型

通过尝试几种不同的发型，找出最适合新娘的那种

④ 试礼服

看看礼服与妆容、发型是否搭配

⑤ 发型收尾

固定发型，戴上头饰、耳环等饰品

⑥ 化妆收尾

涂睫毛膏和口红。面部妆容完成后，要在脖子、胳膊等裸露出来的位置也涂上粉底，避免脸和身体色差过大

友情提示：如何化好新娘妆

·化妆师不要一味追求流行的妆容，现在看起来时髦的妆容过一段时间再看，可能就会有些土气。所以比起当下流行的妆容，给新娘化一个古典妆容效果会更好。

·有的新娘会要求照着某个明星的妆容给自己上妆，面对这种情况，化妆师要尽量避免盲目跟风，要看看那个妆容是不是真的适合新娘。

·化妆师要综合考虑新郎新娘的形象、肤色。

·化底妆时，要选择比肤色浅半个或一个色号的粉底。为了让新人看起来更有精神，可以化"润光底妆"或"水光底妆"。润光底妆会用到含珠光的粉底，而水光底妆能让皮肤看起来更加水灵、有光泽。

·化新娘妆时，要特别强调修容，利用明暗对比来达到显脸小的效果，当然，也不要下手过重。

好的妆容能让新娘的五官看起来更立体

常见妆容介绍

① 浪漫妆容

浪漫妆容强调让肌肤看起来干净清透，希望自己看起来可爱、温柔的新娘可以选择这款妆容。

化这款妆容时，眼影以粉色、浅紫色、桃色等粉嫩的颜色为主，唇部彩妆也是如此。浪漫妆容一般适合年轻、可爱、俏皮的新娘。

② 高贵妆容

　　强调知性优雅的高贵妆容更适合 30 岁左右、成熟、妩媚的新娘。要特别留意不同年龄的新娘的皮肤状态。针对面部有瑕疵的新娘，可以选择霜状粉底和遮瑕膏。为了使肌肤看起来更健康，可以尽量少用干粉，注重妆容的光泽度。眼影可以选择紫色或浅棕色的，唇部彩妆可以选择浅桃红或有珠光的。

③ 烟熏妆

　　想要强调都市感，显得更时尚、干练的新娘可以化一个烟熏妆。选用金色、灰色等含珠光颗粒比较多的眼影，再画上眼线，可以让眼眸看起来更加深邃。

新娘发型

在拍婚纱照的时候，大多数新娘会选择披着头发，这样发型可以根据拍摄风格的不同有多种变化。而在举行婚礼的时候，新娘一般会选择端庄简单的盘发造型来打造优雅的形象。最重要的还是要与婚礼、礼服的风格相搭配，再结合新娘的喜好，才能找出最适合新娘的发型。

新人常问的问题

Q：新娘做发型时，头发的理想长度是多长？

A：为了拍婚纱照时发型能有更多的变化，头发的长度到胸部左右最好。头发太短的新娘要接发才能做更多漂亮的造型。

Q：在拍婚纱照之前，头发可以烫卷或拉直吗？

A：卷发的新娘做造型时头发会更容易固定，造型也更多样，但是尽量不要去拉直。

Q：新郎什么时候剪头发最好？

A：拍婚纱照或举行婚礼前一周剪头发最好。

发型分类

① 盘发

婚礼当天，大多数新娘会做盘发造型。把头发高高盘起来，会让新娘看起来更加清爽、端庄。新娘既可以选择端庄大方的高盘发造型，也可以选择更有立体感的低盘发造型。

② 披发

做披发造型时，可以把头发稍微烫一下，这样可以增添浪漫的感觉。特别是做女神式的半披发造型时，顺滑、有光泽的复古风微烫是造型成功的关键。尽量不要使用发胶、发蜡等产品。

不同脸型新娘适合的婚礼发型

① 鹅蛋脸

鹅蛋脸是最理想的脸型，无论做什么发型都合适。为了强调漂亮的脸型，可以把额发全部梳上去，露出额头和面部轮廓。鹅蛋脸的新娘最适合端庄的发型。

② 圆脸

圆脸的新娘适合有刘海儿的可爱风造型。可以做空气刘海儿，然后卷一下发根处的头发，打造蓬松效果，这样可以让脸看起来瘦长一些。

③ 长脸

长脸的新娘可以将脸庞两侧的头发卷一下，这样可以让脸看起来宽一些。

④ 国字脸

对于国字脸的新娘来说，为了弱化面部轮廓，要尽可能利用额头和鬓角等处的碎发，自然地修饰脸型。斜刘海儿也有显脸瘦的效果。

⑤ 倒三角脸（V形脸）

V形脸的新娘看起来会有些凌厉，所以适合做卷发造型，这样可以使人显得更温柔。

不同面部缺点适合的妆发

① 对额头不自信

如果新娘因为额头宽或线条不流畅而烦恼的话，可以用刘海儿遮住额头，配上自然的波浪卷，这样可以使妆发看起来更加协调，更显柔和。化妆时，应将重点放在眼部妆容上，不要让大家的视线集中在额头上。

② 脸部干瘪、颧骨高、轮廓硬朗

这样的新娘如果为了遮住颧骨而一味地用头发遮挡，会让造型看起来很沉闷，因此，化眼妆时，新娘可以选择含珠光的眼影，并用高光提亮鼻梁、额头等部位，这样可以让人的视线集中在眼睛和鼻子上。发型方面，可以将上半部分头发扎起来，下半部分头发则自然地垂落，这样会让人看起来更温柔。

③ 皮肤瑕疵多

皮肤瑕疵多的新娘尽量不要选择水光妆容，应尽量选择亚光妆。面部泛红、有痘痘的新娘可以选择冷色调的彩妆，唇部选择裸粉色的产品，这样可以使皮肤看起来更加清透自然。

④ 五官扁平、脸较大

这样的新娘需要让五官展现出立体感，因此可以适当加强修容，特别是化眼妆时可以多用珠光制造亮点，这样可以吸引人们的眼球。发型方面，虽然卷发造型可以增强立体感，但是如果上卷的位置不合适，就会让脸看起来更大，所以要尽量将头发自然地固定起来，展现出新娘活泼可爱的一面。

根据婚礼场所选择妆发

不同的婚礼场所，其采光、灯光的亮度、华丽程度和氛围都会有所不同，所以化妆师要为新人打造适合婚礼场所环境的妆容和发型。

① 专业的宴会厅——明亮的灯光

专业的宴会厅灯光明亮，所以化妆时底妆的色号最好跟新人肤色相同，但是要适当加重腮红，这样可以使新娘看起来肤色红润，更加迷人。口红最好选择粉色系的。发型则以盘发为宜。

② 教堂——肃穆的氛围和昏暗的灯光

教堂的灯光比较暗，为了突出新娘，可以打造一个比较华丽的妆容。选择比新娘肤色白一个色号的底妆，加上高光和阴影，可以使新娘的面部看起来更加立体。做完盘发造型后，可以加上头饰来增添优雅的感觉。

③ 酒店——高档的装潢和宽敞的场地

酒店的条件和专业婚宴厅相似，因此适合的妆容和发型也相似。如果酒店场地大，可以适当加重高光和阴影来增强面部的立体感。发型方面，可以在盘发后用梳子从发根往发梢梳几下，这样可以增添头发的蓬松感。

④ 户外——自然采光

在户外举行婚礼的新娘适合选择比肤色暗一度的底妆，然后涂抹阴影增加立体感。在户外，为了突出新娘，可以将眼部妆容化得更华丽一些。可以给新娘做一个比较自然的发型，在突出蓬松感的同时加一点儿饰品或做一些造型，这样可以使新娘看起来更有个性。

新郎的妆容和发型

拍婚纱照和举行婚礼时，新郎也需要化一个自然的底妆。化妆师应注意选择适合新郎肤色的底妆产品，还可以给新郎修修眉。此外，新郎也会因为准备婚礼而疲劳，皮肤和嘴唇容易干，所以上妆前要给新郎擦一点儿乳液或面霜，这样可以滋润皮肤。

在发型方面，为了结婚当天发型比较自然，新郎最好在婚礼举行前一周去剪发。给新郎做发型时，要考虑新郎平日的发型、额头宽度、面部大小，也要和新娘的妆发相协调。可以将额头的头发稍卷一下，使额发挡住额头，也可以将额发自然地梳上去，让整个额头都露出来。

没有刘海儿，露出额头的发型　　　　自然放下额发的发型　　　　将额发稍微烫卷一点儿的发型

捧花和装饰用花

捧花（BOUQUET）

"bouquet"一词是从表示"小森林"的古代法语"bosque"演变来的，指一束或一簇花，原本用来形容所有形式的花束，但现在一般是指婚礼时新娘手上拿着的捧花。最开始，捧花寓意着富饶和多子多福，所以最初捧花是用谷物做的。到了中世纪，制作捧花时开始用到花朵，这是因为当时有人说花的香气可以保护新娘不得病，也可以击退恶灵。自1756年起，白色婚礼开始流行，婚礼中使用白色的物品做装饰成为主流，直到现在还有不少新人钟爱白色捧花。

在西方国家和韩国，新娘是捧着捧花入场的，而中国的新娘在入场时是不拿捧花的，一般是新郎手持捧花上台，迎接新娘时向新娘献上捧花，并陪新娘一同进场。从捧花的由来来看，中国的形式更符合捧花原本的意义。

捧花类型

① 瀑布式捧花（CASCADE BOUQUET）

瀑布式捧花是捧花的基本样式之一，可以搭配各种婚纱，更适合高挑的新娘。

② 椭圆形捧花（OVAL BOUQUET）

椭圆形捧花的样子有些像鸡蛋，适合觉得圆形捧花太单调的新娘。

③ 花束形捧花（CRUTCH BOUQUET）

制作花束形捧花时，只需要将花自然地扎起来，把花茎都露出来就可以了，所以要选择茎部相对坚硬的花。既可以将花束做成圆形突显可爱的感觉，也可以保留较长的花茎，增添优雅的感觉。

④ 圆形捧花（ROUND BOUQUET）

圆形捧花是最大众的一款捧花，可以搭配所有婚纱。各个种类的花都可以做成圆形捧花，小的显得可爱，大的显得优雅。

⑤ 球形捧花（GLOBULAR BOUQUET）

顾名思义，球形捧花是将花组合成球状的捧花。如果是用白色的花做成的，可以称为雪球捧花。球形捧花会给人一种可爱、自然的感觉，适合户外婚礼或气氛比较热闹的婚礼。

不同体形的新娘适合的捧花

① 个子高、微胖的新娘

新娘如果不想让大家的视线都集中在自己微胖的身材上的话，可以选择下垂感强的瀑布式捧花。

② 个子高、中等身材的新娘

这样的新娘适合各种类型的捧花，只是要避免选择过小的捧花。

③ 个子高、偏瘦的新娘

这样的新娘适合大部分类型的捧花，最适合选择瀑布式捧花或用大花朵做出的椭圆形捧花，捧花造型以大气简约为宜。

④ 个子矮、偏胖的新娘

这样的新娘最好选择小而可爱的捧花。过大或遮挡上身的捧花会显得人更胖，太长的捧花还会显矮。

⑤ 个子矮、中等身材的新娘

个子较矮、中等身材的新娘只要不选择过大和过长的捧花即可。

⑥ 个子矮、偏瘦的新娘

对于个子矮、偏瘦的新娘来说，太大或太小的捧花都会暴露身形的缺点，所以选择小花朵做成的圆形捧花更合适。

> **友情提示：**
> · 新娘双手捧着捧花时，捧花的高度与腰齐平时最美。
> · 举行婚礼时，新娘是站在父亲或新郎的身旁的，所以要单手拿捧花。
> · 扔捧花时，可以稍微转身向后看，确认朋友的位置后再将捧花抛出。

· 选择捧花时，要考虑季节、新娘体形、婚纱样式、婚礼场所等要素。

· 要确定捧花手抓的部分牢不牢固。

胸花

　　新郎向新娘求婚时，一般会送给新娘一束花，新娘答应求婚后，从收到的花束中拿出一两朵给新郎，作为允诺的象征，这就是胸花的由来。现在，这一习俗也被保留下来，新郎在婚礼上会从新娘捧花中选择一两朵作为胸花佩戴在胸前。

　　除此之外，婚礼当天，新娘、双方父母、证婚人也会佩戴胸花，双方父母和证婚人一般会选择比新人的胸花淡雅一些的花朵来佩戴。

结婚礼物

　　结婚礼物不一定是奢侈品，它是新人对开启崭新人生的约定和彼此相爱的象征。以前，举行婚礼时需要准备各种彩礼，而现在，也有一些新人将价格相对较高的钻石对戒作为彩礼，除此之外不再准备其他彩礼。婚礼策划师要根据新人的收入状况提供相应的建议，以便新人挑选。

钻石饰品

　　挑选钻石饰品时，一般从以下四个方面来判断钻石的品质（4个C）：重量（carat）、颜色（color）、净度（clarity）、切工（cut）。

　　重量（carat）：过去，新人一般会选择 0.5 克拉以下的钻石饰品。近几年因为彩礼数量的减少，也有不少新人选择 1 克拉以上的钻石饰品作为彩礼。一般来说，钻石的重量越大，价格越贵，但是颜色、净度和切工也会影响价格。

　　颜色（color）：大部分钻石是无色的，也有淡黄色和褐色的钻石。无色程度越高，等级越高。纯碳组成的完全无色、透明的钻石很稀有，所以价格也十分高昂。淡黄色或棕色的钻石因为含有氮元素，价格相对较低。其实没有必要一味追求颜色等级高的钻石，因为切工的优异程度对钻石火彩的影响更大。

　　净度（clarity）：净度是透光性的重要影响因素之一，但一般人分辨不出来，所以在预算一定的情况下，可以选择净度较低、重量大、切工级别高的钻石。

　　切工（cut）：切工是唯一一种可以人为地影响钻石价值的方式。国际标准将切工分为以下五个级别（按级别从高到低排序）：极好的（excellent）、非常好（very good）、好（good）、一般（fair）、差（poor）。选择钻石时，以选择切工等级在"好"以上的为宜。彩礼预算不多时，其他三个要素的标准可放低，但是切工等级一定要高，这样日后才不会后悔。

其他珠宝

珍珠饰品：以前，珍珠被称为"眼泪的象征"，所以珍珠饰品不太作为结婚彩礼来使用。但是近几年，除了钻石饰品，珍珠饰品是最常用作彩礼的。海水珍珠比淡水珍珠贵。几乎所有的珍珠都有瑕疵，瑕疵越少、光泽度越好、越饱满的珍珠价格越高。

红宝石饰品：红宝石的英文名称为 ruby，源于拉丁文 ruber，意思是红色。红宝石象征着爱与热情，被誉为"爱情之石"。在欧洲，直到今天，一些王室依然将红宝石作为婚姻的见证。

青玉饰品：青玉象征着天空和大海。在英国传统习俗中，婚礼上必须有蓝色的东西，他们认为这样可以带来幸运，所以青玉也被认为是幸运石，深受英国王室的喜爱。

翡翠饰品：作为全世界最珍贵的宝石之一，翡翠象征着坚定不移的爱情，也是很多女性喜欢的宝石之一。

情侣对戒

作为爱情的象征，情侣对戒原本是由两枚一模一样的戒指组成的，但是近几年，有的新人会选择两枚设计相似的戒指作为结婚戒指。现在也有不少人购买奢侈品品牌的情侣对戒作为婚戒，所以婚礼策划师也要对最近流行的对戒样式有所了解。

蜜月旅行

蜜月旅行是新人需要优先考虑的婚礼商品之一，因为机票和酒店等都需要预订，所以要早做安排。为了度过只属于两个人的宝贵的时间，一定要选择自己最想去的旅行地。新人可以根据自己的喜好，选择合适的旅行地。

旅行的三要素是日程、费用、计划。将三者都规划好，才能拥有更加愉快幸福的新婚旅行。决定旅行地前，先确定旅行的目的是休养还是观光，就可以根据目的来挑选地点。出发前，最好预先了解旅行目的地，制订具体的计划和日程安排。还可以预先计划好想买的礼物：建议选择在当地能轻松购入的、具有旅行地特征的物品；物品既不要太便宜，也不要太贵；不要选择体积太大的物品，以免难以携带；最好选择实用性强的物品。

观光型旅行

有活力、精力旺盛的新人会喜欢观光型旅行，既可以体验不同的文化，又可以享受旅行的快乐。同时，观光型旅行的费用一般比休养型旅行低一点，而且有导游同行，所以不会有太多旅行上的不便。欧洲大部分国家属于观光型旅行地，希腊、土耳其等国家则属于休养型旅行地，而澳洲属于以观光型旅行为主，以休养型旅行为辅的旅行地。需要注意的是，不同地区的雨季不同，所以要好好安排度蜜月的日期。

休养型旅行

如果新人不希望和心爱的人匆忙地逛景点，而是想轻松地度过愉快的假期的话，推荐新人选择休养型旅行，这类旅行适合注重个人感受、喜欢享受生活的新人。避开都市的喧嚣，来到幽静的地方度过二人世界会使新人觉得更加甜蜜。而且大部分休养型旅行地都在海边，所以也可以和爱人一起做一些休闲运动。马尔代夫、大溪地、关岛、斐济、圣托里尼等都是具有代表性的休养型旅行地。

观光＋休养型旅行

既可以休养又可以观光是目前更多新人向往的蜜月旅行方式。夏威夷、坎昆、巴黎、长滩岛、宿务等都属于这样的旅行地。特别是长滩岛，长滩岛是世界七大休养地之一，拥有非常美丽的海滩，新人可以在白色沙滩上看日落，因此长滩岛可以说是最理想的蜜月旅行地之一。

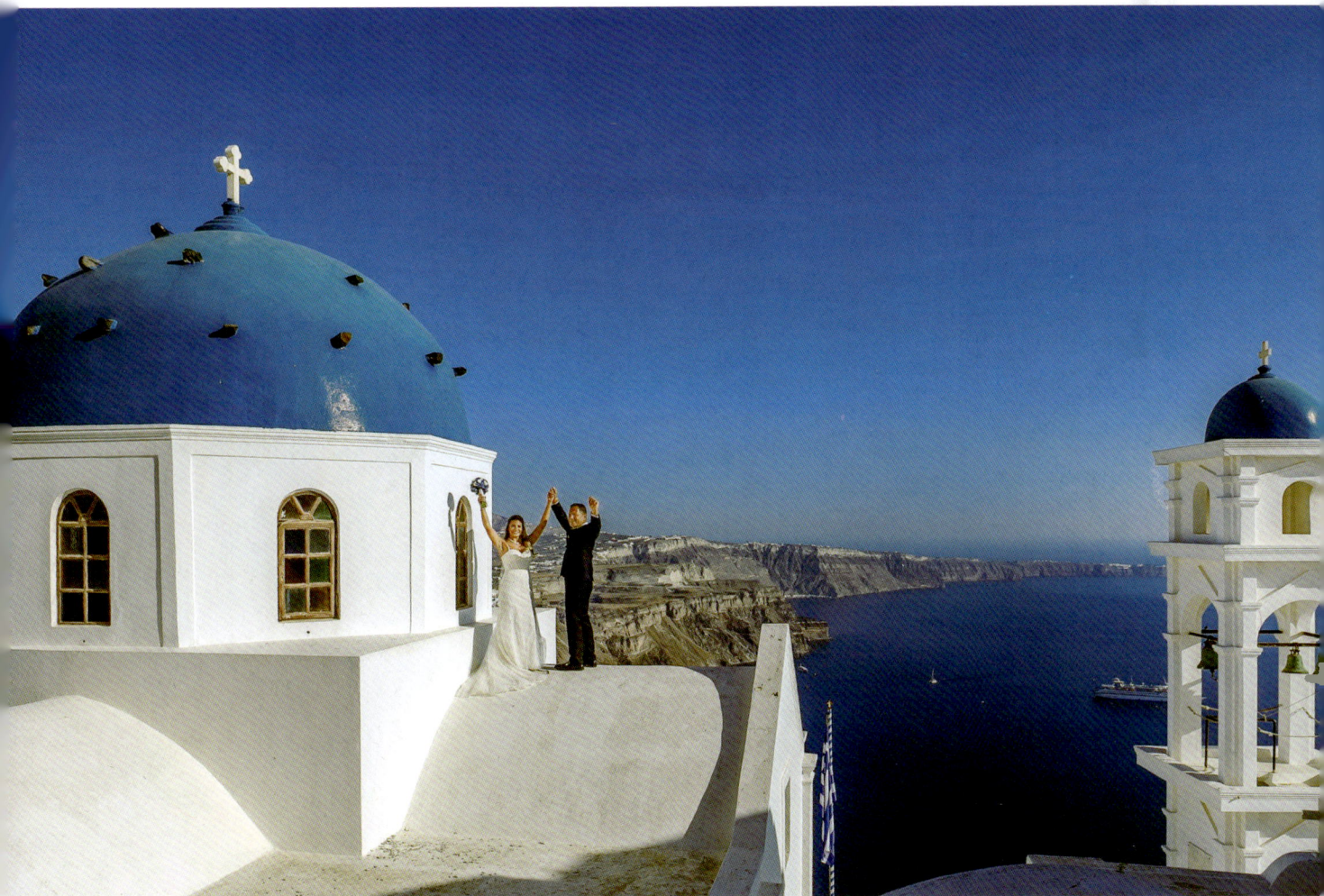

请帖

　　近几年，随着电子请帖的流行，纸质请帖的使用量一直在下降。但是给亲朋好友送出手写的请帖，会让人感到更正式、更有礼貌，这也是一件很有意义的事情。笔者也一直收藏着几张请帖，就是为了珍藏发出请帖的人的那份美好的心意。

　　如今，请帖的外形、样式、材质、色彩等都越来越多样，有一些年轻的新人会选择别具匠心的款式，但是太独特的设计会让年纪大的宾客产生距离感，所以选择请帖样式时也要考虑得面面俱到。

　　一般建议在婚礼前的一个半月左右购买请帖，发送请帖的时间则最好在婚礼举行前的3～4周。

　　请帖一般需要包含以下内容：

　　① 问候语。

　　② 新人姓名。

　　③ 婚礼举行的时间和场所。

　　④ 婚礼场地的缩略图、停车条件以及公共交通线路。

婚车

　　婚车一般由新郎的朋友进行装饰，并充当司机，但也有一些新人会委托专门的公司来承担这一任务。因为新人会穿着礼服乘坐婚车，且需要在婚车上放一些行李和与婚礼相关的物品，所以比起双门跑车，空间大的车更为实用。婚车一般要在婚礼前一天装饰好，为了不发生车开动后装饰掉落引发事故的情况，一定要再三确认装饰品是否牢固，而且要注意，装饰不可以遮挡车牌。

祝歌和表演

在婚礼上，祝歌演唱是传递感动、将婚礼气氛推向又一个高潮的重要环节。需要注意的是，要避免选择太嘈杂或者曲调太沉重的歌曲，数量以1～2首为宜。一定要事先确认歌词内容是否与婚礼场合相符。

近年来，也有一些新人会请表演团队来活跃气氛，表演内容会根据婚礼场地、风格、音响设备的不同而有区别。打算选择专业的团队来演奏时，一定要看过演奏的样片再做决定。

舞台剧是目前受到很多新人推崇的一种表演形式

在温暖的春季的夜晚举行户外婚礼，配上让人心情放松的古典乐，会给人一种置身于音乐会的感觉

新娘送礼会

    在婚礼前夜，新娘的朋友为了纪念新娘最后一个单身的夜晚，再加上有些朋友因为婚礼当天有事无法到场为新娘送上祝福，想要提前给新娘送上贺礼，就会为其举办一场单身派对，这就是新娘送礼会。新娘送礼会起源于 16 世纪的欧洲。最初的新娘送礼会大多单纯是朋友送礼物给新娘的场合，而如今的新娘送礼会则更像是派对，所以有时也会请专门的公司来装饰场地，配合朋友们一起精心准备餐饮、餐桌饰品和其他物品。朋友们一起着手为新娘准备这些东西的过程是十分令人开心的，这也是新娘送礼会受欢迎的理由之一。

温馨小贴士

1. 婚礼策划师平时需要熟知婚纱、婚纱照、捧花、蜜月旅行等结婚所需的各种婚礼商品的信息和特性，并整理成材料，还要了解婚礼商品的潮流。

2. 婚礼策划师每个季度都需整理出婚庆行业的新潮流、新趋势，并与同行组织讨论会、发表会，共同学习。

3. 面对顾客不同的外形和喜好，要知道推荐什么样的商品才最适合顾客。因为顾客的需求是多样的，所以一定要根据顾客的喜好和风格，找出真正适合顾客的商品，特别是要提高整体搭配的能力。

Chapter
04

顾客咨询与
商务礼仪

应对顾客咨询的技巧

婚礼策划的核心——顾客咨询

如果把婚礼策划当作一门生意，那么在这门生意中，商品并不是生意的核心，顾客咨询的过程和效果才是。

在商品相似的情况下，如何更加有效地打动顾客并让顾客决定购买才是最重要的。所以，在顾客咨询的过程中，婚礼策划师不仅需要了解和传递信息，更要通过咨询，掌握顾客的需求和喜好，然后设计出符合顾客需求的婚礼商品，得到顾客的信任，以便成功签约。

为了促成生意，需要理解商业模式的变化

过去：做生意以**商品**为中心。

VS

现在：做生意以**咨询**为中心。

▶ 谁能以最**实惠**的价格提供商品？

▶ 在提供的商品相似的情况下，谁能**说服**顾客购买产品？

为了达成以咨询为中心的商业模式，需要理解商业咨询类型

在第一章笔者已经说过，有效沟通的三大要素为视觉要素、听觉要素和说话的内容。这三者都会影响顾客对婚礼策划师的印象，比重为 55：38：7。我们总以为要有好口才才能说服顾客，其实对顾客影响力更大的是非语言的部分。

在与顾客对话时，婚礼策划师需要注意自己的行为和形象带给顾客的感觉。与顾客交流时，"怎么说"比"说什么"的影响更大，而"怎么说"不仅包括表达方式，还包括我们给对方的感觉。所以通过注意自己的行为和形象来给顾客留下好印象是很重要的事。

顾客咨询时，婚礼策划师和顾客会在某一刻达成共识，这一刻就是对话和交流过程中的"关键时刻"，这时顾客会放松一些，开始信任婚礼策划师，并说出自己的真实想法。为了尽快促成这一时刻的到来，婚礼策划师要掌握多种咨询技巧，还要有运用符合当前状况的对话技巧的能力。

与顾客交流时的对话技巧

沉默

为了让顾客能够说出自己的想法，婚礼策划师有时需要适当沉默，以便更加了解顾客的需求。看着顾客的眼睛，用眼神与顾客交流并给顾客以肯定，这样可以给顾客留下一个好印象，让顾客产生信赖感。

回应

婚礼策划师可以在与顾客的对话中加一些感叹词、表情、小动作等来回应顾客，这样会让顾客渐渐打开心扉，使咨询进行得更顺利。

消除警戒心

大部分顾客在初次面对陌生的婚礼策划师时，会带着警戒心，难以毫无保留地表达自己。这时，婚礼策划师要采取一些行动让顾客放松下来，比如可以从顾客感兴趣的轻松一些的话题开始聊起，然后自然地聊到婚礼的相关事宜。这是一种有利于缓解顾客紧张情绪的聊天技巧。

整理对话中的核心内容

重复并确认对话内容也是一种很有效的对话技巧。在和顾客对话的过程中，可以重复询问顾客的需求，并确定顾客是否完全理解了婚礼策划师的说明。最好使用简洁的疑问句式来提问。仔细倾听顾客的话，并适时提出问题，会让顾客有被在乎的感觉，使顾客对策划师产生信赖感。例如："我是这样理解您的需求的……这样理解对吗？""我刚才说的是关于……的内容，与您的理解相同吗？"

提问

提问也是需要技巧的。婚礼策划师需要刺激顾客自己去思考，让顾客自己积极地提问，以便从中找到顾客的潜在需求，然后根据需求挑选婚礼商品，提供婚庆服务，从而达到签约的目的。

提问时，可以采用以下三种方式：

① 情景性提问

情景性提问适用于了解顾客的基本信息、整体状况、关心的事项、需求等情况。一般情况下，情景性提问是提问的第一阶段，所以要避免询问顾客过于私密的问题。

② 难点性提问

询问顾客现在遇到的问题或对哪些事务不满意，让顾客自己发现自己的问题或需求，这样策划师就可以有针对性地解决问题。

③ 解决性提问

确定顾客的需求和喜好后，提出策划方案，让顾客感受到这种方案的优点，从而达到签约的目的。

提问时，还要注意以下事项：

① 在顾客回答问题时，适当回应顾客，不要冷场。

② 询问顾客有没有感兴趣的事或想提问的问题，让顾客自己理清思路。

③ 对顾客提出的问题不要回答得模棱两可。

④ 提问时，尽量用能让顾客轻松决定、给出肯定性答案的方式询问。

⑤ 不要问是与否，而是要激发顾客的主动性，让顾客多提出不同的想法和意见。

共情

共情是一种"情感移植"，即一个人对对方的情感能够感同身受。顾客表达自己的需求时，可能会有苦恼或纠结的情绪。这时婚礼策划师需要深入顾客内心去体验他的情感，让对方感受到自己是被理解的。这样做可以提高和顾客的亲密度，让顾客更加积极地吐露心声。

倾听

咨询的成败在很大程度上取决于倾听的效果如何。倾听和沉默看似相似，但高质量的倾听除了包括适时沉默之外，还包括在听顾客的话时给出一定的反应。为了能够准确提供符合顾客需求的服务，要特别留意顾客说话时的神情和说话的内容，这样可以使顾客和婚礼策划师更加亲密。

倾听的基本方法是：

① 直视顾客的眼睛。

② 采取放松、不具有攻击性的姿势。

③ 语言上，可以适时用简单的肯定性的语句回应顾客。

④ 不要带着偏见，要用心听顾客的话。

能提升倾听效果的方式有以下几种：

① 让顾客看到安慰的眼神、点头的动作、前倾的姿势等，这表示策划师在认真倾听。

② 如果对顾客说的话有疑问，一定要在顾客说完之后再及时提出，这样顾客也会感觉到策划师一直在用心倾听自己的话，会更容易对策划师敞开心扉。

③ 不仅要注意顾客说话的内容，还要努力地感受顾客的视线、语气、表情、声音的强弱、动作、姿势等非语言性的细节，从中辨析出顾客的真实想法。

说明

说明主要是指婚礼策划师针对顾客感兴趣的婚礼商品、婚庆服务等，向顾客详细介绍的对话方式。对于顾客关心的、苦恼的、想听的问题，可以用图片或视频等视觉资料的形式给对方说明，或用具体的事例一边对比一边分析，这样顾客理解起来会更加简单明了。在介绍两个及两个以上的商品时，通过比较或对照，整理出异同点然后给顾客讲解，也是一种很好的方法。说明的时候要给顾客提问的余地，例如把商品目录给顾客后，双方坐在一起，一边看一边说明，这样效果会更好。

说服

为了达成目的，用特殊手段来让顾客改变想法或行为的对话方式，被称为说服。需要注意的是，千万不能让顾客觉得是因为被婚礼策划师说服了才做了某一个决定，而是要让顾客感到这是自己心甘情愿做的决定，所以用什么样的方式去说服顾客是非常重要的。

千万不能让顾客因为妥协而不得不选择某个商品，也不能让顾客因为没有其他方案而不情愿地做出选择，因为这样很可能导致退单。

说服的技巧有以下几种：

① 情感技巧

用友好的语言和行为打动顾客。这种技巧运用得好的话，效果优于其他技巧。

② 理论技巧

用统计数据等客观材料证明很多人都是这样选择的。这种技巧要求婚礼策划师可以很好地利用数据。

③ "威胁"技巧

用折扣活动即将结束、限时发售等说辞，让顾客产生会错过福利的危机感。

④ 还价技巧

在价格上退让的同时，让对方也能让一步的技巧称为还价技巧。这种技巧也常用在商务谈判的最终阶段。

⑤ 妥协技巧

双方在各自的要求和方案中找到大家都能接受的一种然后敲定。妥协技巧如果运用不当的话会适得其反，所以要慎重运用这种技巧。

能够与顾客变得更亲密的话术

闲谈

初次见面时，为了缓解尴尬的气氛，可以聊一些轻松的话题，例如天气、兴趣、美食、电影、音乐、书籍等，这样可以在闲谈的过程中自然地增加双方的亲密度。提问时，要用让对方可以说得多一些的句式，以免对话突然中断。例如：

谈天气时："今天天气挺好的吧？"（×）

"今天天气真好。您喜欢什么样的天气？"（√）

谈电影时："您常看电影吗？"（×）

"最近好看的电影挺多的。您最近有没有看什么电影？"（√）

委婉性话术

比起过于坚决或直接地表达，先向对方表达歉意然后传达信息的话术，被称为委婉性话术。委婉的表达可以让顾客少一些尴尬，也可以让自己的态度看起来更恭敬，这一方式可以使聊天变得更加愉快。例如："不好意思，请问……""抱歉，如果可以的话……""冒昧地问一句，如果您能同意……""……或许会有些麻烦……"

信赖性话术

信赖性话术是能够让顾客产生信赖感的话术。谈话时，选择不同的词语和语句，会产生不同的效果。用郑重的肯定句会给人留下专业性强的印象，用柔和的疑问句会增添亲切感，两者兼施则可以提升顾客对婚礼策划师的好感度和信任度，将两者的比例控制在7∶3较为恰当。

依赖性话术

比起给顾客灌输某种信息，用提问或依赖顾客的形式与顾客交流，顾客就会用更加温柔的态度来回应，这样可以让对话氛围更轻松，使对话进行得更顺利。例如："您能帮我做……吗？""能拜托您……吗？"

迎合性话术

迎合会让顾客感觉到婚礼策划师在认真听他们说话，这样可以使他们更积极地表达自己的想法。

称赞性话术

称赞可以让人心情愉悦，敞开心扉。婚礼策划师应具备及时称赞顾客的能力。一般情况下，男性喜欢自己的能力得到称赞，女性则喜欢自己的外貌得到称赞。

友情提示：

对话时会给对方留下好印象的行为	对话时要避免的行为
· 短暂地对视	· 使用让人难以理解的专业术语
· 睁大眼睛	· 自我吹捧和说大话
· 微笑	· 谈论关于政治和宗教的话题
· 直视对方	· 教顾客要这样做或那样做，或贬低顾客的行为
· 点头附和	· 诽谤竞争企业、竞争商品
· 有意义的手势	· 打断顾客说话，与顾客争执
· 变换姿势	· 与顾客对话时看着他人
· 积极倾听	· 说谎、夸大其词、强求、说不好听的话
	· 做出让人难以捉摸的表情
	· 承诺无法做到的事情

应对不同咨询方式的技巧

咨询时，婚礼策划师和顾客面对面交流的效果是最好的。但现在网络如此发达，顾客可以用手机等多种方式进行咨询。针对不同的咨询方式，婚礼策划师需要用不同的技巧来应对。

电话咨询

电话咨询的目的是使顾客在通话中对婚礼策划师产生信赖感，以便促成线下咨询。如果顾客在电话咨询后再在线下跟婚礼策划师联系，就可以认为这单生意已经成功了 60%。在电话咨询中，诱导顾客来公司咨询是非常重要的，因此婚礼策划师要有一套适合自己的电话咨询技巧，并且要一直练习，直到熟练运用为止。

> **友情提示：电话咨询注意事项**
>
> ·始终牢记，选择权和主导权在顾客手中，而且我们无法知道顾客所处的环境。
>
> ·在打电话前，要背熟姓名、电话号码等顾客的基本信息，整理好打电话的目的和谈话内容的顺序，并做好笔记。
>
> ·打电话时，先说出自己所属的公司和姓名，然后确认顾客现在是否方便通话。
>
> ·通话过程中，要用明亮的声音，亲切地与顾客交谈。要像与顾客面对面一样，表情和姿势都要端正。
>
> ·及时记录通话内容，告知顾客准确的信息。
>
> ·准确地掌握顾客的核心需求，展现出专业性和认真的服务态度，以及在工作方面的自信。
>
> ·通话结束前，重复本次沟通的主要内容，并做好记录。
>
> ·挂电话时要有礼貌，根据状况认真地道别后再挂电话。

为了应对电话咨询，婚礼策划师可以预先准备电话咨询记录本，用来记录顾客在通话中可能会提及的问题及相应的答案。提前准备记录本可以让婚礼策划师根据顾客的状况和需求高效率地传达准确的信息。

电话咨询记录本的 4C 标准是：清晰（clear）、口语化（conversational）、简单明了（concise）、有说服力（convincing）。

短信、邮件咨询

短信、邮件咨询是通过手机和电脑等电子媒介，使用文字进行的咨询。这种方式的优点是文字可以保留下来，信息相对准确。一般在电话咨询后或有过面谈之后通过短信咨询的情况较多，而邮件咨询一般是顾客通过微博或官方网站等渠道获取婚礼策划师的联系方式后进行的第一次咨询，为了避免误会和不愉快，回复咨询时要更加注意措辞。这两种咨询方式都没有时间和空间上的限制，是适合忙碌的现代人的方便、便捷的咨询方式。

友情提示：

短信咨询注意事项

· 要使用标准语，简单明了地传递重要的内容。

· 在文字中添加表情也会对咨询有帮助，但注意不要添加过多的表情。

邮件咨询注意事项

· 为了及时回复顾客的邮件咨询，平时就要着手准备要发送的材料。

· 写邮件主题时要写得简单明了，让顾客看了题目就可以大致猜到邮件的内容。

· 在邮件开头写明自己所属的公司与姓名。

· 要用平和的标准语撰写邮件。

· 根据六要素（何人、何事、何时、何地、何因、如何做）条理分明地写邮件，邮件内容要让顾客一目了然。

· 尽量避免使用过多的表情图、流行语、缩略语等。

· 附件要尽量压缩，在邮件中写明附件的内容和个数。

面对面咨询

因为是与顾客面谈，所以婚礼策划师给顾客留下什么样的第一印象尤为重要。婚礼策划师的风度、专业性、咨询能力等都会对咨询结果有影响。为了得到顾客的信任，婚礼策划师要时刻做好准备。

> **友情提示：面对面咨询注意事项**
>
> ·婚礼策划师的表情、姿势、礼貌程度和公司的氛围都会影响顾客的决定，因此要注意每个细节。
>
> ·比起打扮得华丽，婚礼策划师看起来亲切、容易让人产生信任感更加重要。
>
> ·熟练掌握打招呼、握手、自我介绍、交换名片等商务礼仪。
>
> ·预先准备好咨询时会用到的资料。
>
> ·婚礼策划师应该具备看到顾客的反应就即刻知道他需要的是什么的能力，还要能够根据具体状况应对得当。
>
> ·咨询的主导权应该在婚礼策划师手中。
>
> ·把握住与顾客达成共识的"关键时刻"，让顾客签下合约。

应对不同类型的顾客的技巧

优柔寡断型顾客

这种类型的顾客因为想法太多，所以无法马上做出决定。为了诱导顾客做出决定，婚礼策划师可以先适当提一些问题，从而掌握顾客的需求和核心要求，再提供一些成功案例，这样可以让顾客更信任婚礼策划师。

在意价格型顾客

比起商品信息，这类顾客更加关注价格。无论给出多么合理的价格，这类顾客都要讨价还价才会感到舒坦，所以婚礼策划师要对这类顾客仔细说明定价的合理性与婚礼策划师工作的价值。当顾客提出过分的要求时，坚决拒绝也是一种技巧。

挖苦讥讽型顾客

这类顾客无论遇到什么事情都会抱怨、不满，会让婚礼策划师特别头疼。面对这类顾客时，婚礼策划师可以先充分了解顾客的想法，尊重顾客的要求。最好在使用委婉话术的同时，冷静、郑重地为顾客提供信息，慢慢地，这类顾客就会对策划师产生信赖感。

苛刻型顾客

这类顾客大体可以分为两种类型。一种是自身在某方面比较精通，所以喜欢发表意见，很难感到满意；另一种是虽然一知半解，但非要对婚礼策划师的工作指手画脚。面对第一种顾客，经验丰富的婚礼策划师应对起来会更加得心应手。他们会合理采纳顾客的意见，维护顾客的自尊心，反而会比较轻松地促成合约。面对自身也是一知半解，但非要苛刻地对待婚礼策划师的顾客，婚礼策划师应该用坚定的话语和专业性来应对，这样会更容易促成合约。

好意型顾客

这类顾客通常比较肯定婚礼策划师的工作和能力，并且会积极地协助策划师。这时婚礼策划师不可过于表现自己，要多倾听顾客的要求和意见，分析顾客的需求之后再开展下一步的工作。

夸张型顾客

这类顾客的言语中有很多夸大的、不符合实际情况的部分。面对这类顾客，婚礼策划师要将他们的要求和意见记录下来，在了解真实情况之后，用提问的方式应对。要一边提供客观的材料，一边诱导顾客选择符合自己实际情况的选项。

性急型顾客

这类顾客会在认为婚礼策划师答复得太慢时，忍不住多次问同样的问题。面对这类顾客，要用轻快的语调，快速回答他们的问题。同时，婚礼策划师也可以加快咨询节奏，诱导顾客尽快签下合约。

怀疑型顾客

面对这类顾客时，婚礼策划师可以先表现出感同身受的样子，再向顾客提问，找出他们疑心的根源。可以利用明确的数据或文件、材料等，为顾客提供价格信息、图片信息、服务信息，让顾客产生信赖感。这类顾客不会因为相信一次就停止怀疑，所以要持续性地打消顾客的疑心。一定要一直表现出有自信的样子。

话痨型顾客

这类顾客因为说的话太多，所以自己也记不得自己说过什么。婚礼策划师要在倾听顾客的意见的同时，把顾客说的话简单地记录下来，然后和顾客确认细节。这样重复几次就会发现顾客已经在配合婚礼策划师了。

没自信的顾客

婚礼策划师要让这类顾客获得安全感，从一开始，就要用亲切、肯定、赞扬的态度面对顾客。在咨询过程中，了解顾客不自信的部分在哪里，再用相似的成功案例举例说明，这样可以让顾客产生信心，也可以让顾客信任婚礼策划师。

想要得到尊敬的顾客

这类顾客坚信自己是对的，同时非常希望得到他人的尊敬。婚礼策划师要礼貌地倾听这类顾客的需求，并多多称赞顾客的选择。只要解决这一问题，签约就会变得容易一些。

无礼的顾客

因为没有礼貌、素质低，这类顾客会以为只要给钱，自己就可以为所欲为。这类顾客需要由比较冷静镇定的婚礼策划师来应对。

对婚礼商品一无所知的顾客

与这类对婚礼商品一无所知，或没时间去了解婚礼商品的顾客进行商谈时，顾客容易敷衍婚礼策划师，或者在咨询完毕后，又需要婚礼策划师重复说明，导致咨询时间过长。所以在咨询时，婚礼策划师要时不时地通过提问，先整理出顾客的需求，再根据顾客的外表和喜好，给顾客推荐合适的商品。

知道很多婚礼信息的顾客

这类顾客中，有一部分顾客会在咨询前自己整理出符合自己需求的信息。也有一些顾客正好相反，只知道很多杂乱的信息，但并不知道哪些商品是真正适合自己的。婚礼策划师如果面对的是前者，就可以很快结束咨询，但面对后者，就需要花费较长的时间。要注意的是，面对这类顾客，如果婚礼策划师给出的信息不准确，顾客就容易抓着失误不放。所以婚礼策划师要掌握足够的信息，最重要的是要让顾客感到婚礼策划师的专业和自信。

有一些顾客因为很了解婚礼咨询行业，所以总是想告诉婚礼策划师应该怎么做。这时可以用"就像您知道的那样……"等肯定顾客能力的句式，来请求顾客理解咨询内容，这种方式会让这类顾客无法拒绝。

喜欢和其他咨询公司做比较的顾客

这类顾客或是已经在其他公司咨询过，或是在网上查阅了很多资料，总之，他们会将婚礼策划师提供的信息和自己已知的信息做比较，大部分顾客还会砍价。这时，婚礼策划师要说明自己公司的商品和服务比其他公司的好在哪里，一定要多强调自己公司的优势。

如何应对顾客的投诉

顾客都希望婚礼策划师能够欢迎、关心、尊重自己，并且有责任心，努力地为自己服务。通过咨询签下合约后，在准备婚礼的过程中或者婚礼进行时，如果发生让顾客感到不满的事情，顾客肯定会不高兴。在服务业中，很难对顾客的不满合理与否进行客观评价，所以只能尽可能地避免或者让顾客不满的程度降到最低。如果没有处理好顾客的不满，不满就可能变成索赔，婚礼策划师和公司可能就要付出物质方面的代价。因此，咨询和签约固然重要，但是防止顾客产生不满情绪也是非常重要的。

一般来说，顾客评价服务的标准主要有以下四条：

① 将婚礼商品和婚礼服务作为基础来评价。

② 将婚礼前的期待与实际情况进行比较后得出评价。

③ 将准备婚礼时的付出与收获是否成正比作为评价标准之一。

④ 将婚礼商品和婚礼服务有没有达到自己的要求作为评价标准之一。

可以看到，这个评判标准是主观的，所以婚礼策划师要根据顾客的反馈判断顾客的满意度。近年来，顾客对婚礼策划师的服务感到不满的情况正在逐渐增加，出现这种情况的主要原因是：顾客的消费者权利意识有所提高，顾客对婚礼商品及服务的要求比以前高了很多，能够做对比的商品和服务增加了很多。

一般来说，顾客的不满包括：对婚礼策划师不满，不满意婚礼商品或费用，不满意婚庆公司的服务，对婚礼策划师在策划中出现的失误不满。

顾客产生不满时的反应类型

顾客的性格不同，产生不满的反应和表露不满的方式也不同，大致可以分为四种。为了尽快解决顾客的不满，要根据顾客性格和反应的不同进行差异化处理。

消极型

消极型顾客产生不满时，不会很快说出内心的不快，一般是保持沉默。这类顾客虽然不会直接对婚庆公司或者婚礼策划师道出不满，但会向其他人传递消极的信息，影响公司和策划师的声誉，所以要细心地留意这类顾客的反应，并及时做出回应。

积极型

积极型顾客产生不满时，会即刻提出婚庆公司或婚礼策划师服务不到位的地方，而且会根据不同状况，提出退款或要求相应的补偿。这类顾客认为自己已经支付了费用，所以应该在最短的时间内得到合理的解决方案。因此，婚礼策划师也要用最快的速度帮他们解决问题。

愤怒型

愤怒型顾客一旦对服务感到不满意，就会对婚庆公司或婚礼策划师发脾气。而且这类顾客还可能会给消费者热线打电话投诉，或者在门店大声地抗议。更有甚者，会有言语性或肢体性的暴力行为。愤怒型顾客会给婚礼策划师带来很大的挫败感，而且会影响其他顾客，所以婚礼策划师一定要准确地掌握这类顾客不满的原因，提出合理有效的解决方案。

扩散型

扩散型顾客产生不满时，会向周围散布消息，如利用微博等网络平台制造舆论，或者向有关部门投诉。扩散型顾客会利用舆论或法律来维权，做事有推动力和组织力，所以婚庆公司和婚礼策划师一定要谨慎处理这类顾客的不满，与其维护好关系。

如何应对产生不满情绪的顾客

在顾客产生不满之前圆满地完成工作当然是最好的方法。但在顾客已经产生不满的时候，要想办法去解决这个问题，这时要根据不同的顾客有针对性地应对。

疑心型顾客

这类顾客对所有事物都抱有怀疑态度，希望婚礼策划师用非常亲切的态度为自己服务，并且想得到非常详细的说明，他们的不满情绪多来自"信息不对等"。当这类顾客产生不满情绪时，婚礼策划师应该用自信的态度应对顾客的提问，可以给顾客详细的资料或明确的数据，让顾客产生信任感。

催促型顾客

这类顾客不太听别人的建议或意见，会根据自己的意志行动，需要迁就别人时很容易产生不满情绪。应对这类顾客时，婚礼策划师要快速确认顾客的需求，然后让顾客看到自己忙碌的身影，让他们知道自己一直在想办法解决问题。但是有些性子急的顾客会忽视过程，只想赶快看到最终结果。这时，婚礼策划师要尽快了解全部事务的真实状况并着手一一解决。如果因为某些原因不能快速解决某些事务，就要向顾客说明缘由，并郑重地向顾客道歉以求得到谅解。

无法无天型顾客

这类顾客产生不满情绪时会大吵大闹，影响婚庆公司和婚礼策划师的正常工作。面对这类顾客时，要最大限度地克制自己的情绪，先让顾客表达完自己的不满，再表示十分理解顾客内心的想法，然后提出解决方案。倾听顾客的不满有助于让顾客渐渐冷静下来。

沉默型顾客

这类顾客不会把情绪表露出来，因此别人很难知道他们内心的想法。但是不要认为顾客不表露情绪就代表没有不满情绪或对婚礼策划十分满意，要注意观察他们。如果发现他们对某些事务不满意，要郑重地向顾客说明自己想了解他们的想法，引导他们将真实想法说出来，然后谨慎处理相关事宜。

傲慢型顾客

实际上，喜欢吹捧自己、傲慢无礼的顾客反而好对付。只要站在这类顾客的角度上，肯定他们的所作所为，适当迎合他们，然后用简短的对话处理好顾客的不满情绪，提出解决方案就可以。

话痨型顾客

这类顾客会说很多与事件本身无关的话。婚礼策划师可以先采取倾听的策略，之后找一个合适的机会提问，转换气氛，将对话继续下去。通过提问，可以洞悉顾客不满的本质，然后让顾客选择自己想要的解决方式来处理问题。与这类顾客交谈时要让他们自由发言，合理运用提问形式。

刻薄型顾客

这类顾客希望事无巨细地了解处理方案，要求非常严格，甚至可以说有些苛刻。所以应对刻薄型顾客时，一定要详细、具体地告诉他们每一个细节。如果婚礼策划师无法满足这类顾客的某个要求，要坦白地告知顾客，然后与顾客协商，确定其他的解决方案。

友情提示：应对顾客不满的基本原则

· 理解。在顾客表达不满之前，要先发自内心地理解顾客内心的不满。

· 感同身受。要接纳顾客的不满，客观地找出不满的原因。

· 道歉。真诚地给顾客道歉，并制订解决方案。

· 承诺。承诺给顾客一个满意的答复。

· 确认。解决某一位顾客不满意的地方的同时，提高自身的业务能力，以免再犯同样的错误。

· 道谢。对顾客给予自己弥补错误的机会表示感谢。

将有不满的顾客变为忠诚顾客的秘诀

面对顾客的不满，婚礼策划师应该正面回应，积极地处理，处理得当的话有可能将不满的顾客变为忠诚顾客。想要达到这种效果，有以下秘诀：

① 先打电话致歉，与顾客产生共鸣。可以这样与顾客沟通："感谢您真诚地提出这些问题。""多亏您告诉我们这个状况，我们才可以认识到这个问题，现在已经找到解决方案了。感谢您。""让您费心了，实在抱歉。"

② 说明此类问题发生的原因，要让顾客知道婚礼策划师不是站在顾客的对立面，而是和顾客站在同一战线，让顾客相信婚礼策划师会和他们共同面对和解决问题。要通过电话仔细向顾客说明情况。虽然这看起来是一个很小的细节，但顾客往往会被细节打动。

③ 与顾客就解决方案达成一致后，要告知顾客解决问题所需要的大概时间，而且要有诚信，承诺顾客的事情要做到。

④ 如果是合作公司的问题，要做好中间人的角色。

⑤ 将问题的解决结果及时告知顾客。如果解决问题时遇到难处，要向管理者或负责人求助，一同解决问题。

⑥ 很多顾客想直接与负责人沟通，来解决问题。他们会说："叫你们的负责人过来。""把电话给你们的负责人。"虽然原则上，谁出的问题就应该由谁来解决，但是如果碰到顾客要求与负责人沟通的情况，应该和负责人客观地反映问题，请负责人来协助处理问题。

⑦ 为了避免同一顾客再次产生不满的情况，要提前讨论好对策。

婚礼策划师的商务礼仪

问候礼仪

在婚庆行业中，问候顾客既可以表示欢迎顾客，又可以表达为顾客提供服务的诚意。问候是消除彼此隔阂的钥匙，是向对方表达亲切和好感、尊重对方的表现。而且对于从事服务行业的人来说，问候顾客也是具有奉献精神的表现之一。

表 4-1　问候的礼仪

项目	礼仪
表达问候的注意事项	要抢先问候对方
	表情要阳光，要心怀尊敬，看向对方的眼睛
	挺胸，后背要挺直，然后郑重地弯腰行礼，弯腰行礼的状态持续一秒左右，然后慢慢抬头，露出开心的神情
	问候时，女性应将两手在腹前交叉，将右手搭在左手上，男性则将两条胳膊自然下垂放在身体两侧，双手微贴裤子的中缝
	问候时，音量要适中，声音要清晰明亮
不同状况下的语句	迎接顾客时："您好，欢迎光临。"
	做向导时："请往这边走，请您稍等片刻。"
	送走顾客时："谢谢您的光临，之后我会联系您的。请您慢走。"
	道歉时："实在不好意思，能请您稍微等一下吗？"

项目		礼仪
问候的姿势	郑重礼	将上身向前弯 45 度左右是最郑重的问候方式，用于正式的仪式或活动、面试、迎接或送走顾客和长辈、表示感谢、郑重道歉的时候
	普通礼	将上身向前弯 30 度左右，维持 2 ~ 3 秒后慢慢起身，用于在日常生活中遇到顾客或上司的时候以及与客人第一次见面的时候
	点头礼	将上身向前弯 15 度左右，用于与同事或亲近的人见面、对晚辈打招呼、上司主持会议或与他人面谈的时候

握手的礼仪

握手是见面的时候表示礼貌和喜悦的一种方式。打招呼时，双方轻轻地握住彼此的右手，互相对视，能够表示亲近。

握手时的注意事项：

· 长辈与晚辈握手时，长辈应先伸手。

· 社会地位高的人与社会地位低的人握手时，社会地位高的人应先伸手。

· 男士与女士握手时，女士先伸手。

· 如果一开始是坐着的，一定要在起身后先望着对方，再郑重地握手。

· 握手时要抬头挺胸，保持微笑，要用整个手掌轻轻地握住对方的手，不可以只是敷衍地握一下指尖或者过于用力、大幅度甩手等。

· 如果戴着非仪式用的手套，要先摘下手套再握手。

· 不要弯腰或用双手握住对方的手。

名片礼仪

交换名片是人与人初次见面时，告诉对方自己的身份，以便接下来进行沟通和交流的重要工具。掌握交换名片时的一些礼仪，可以让对方产生很大的好感，有助于之后的沟通和合作。名片上要写明自己的姓名、联系电话、所属公司、职位以及公司的地址。

表 4-2　交换名片的礼仪

场景	礼仪
递名片	用双手或右手恭恭敬敬地递名片，注意手指不要遮住名片上的姓名
	坐着把名片递出去或轻轻地把名片放到桌上的行为，会让对方觉得不被重视，所以要注意避免这种行为
	递名片时，可以简单地介绍一下自己的姓名和所属的公司
	晚辈先给长辈递上名片
	对方是两人以上的话，先给长辈递上名片
	偶尔会有需要将名片放在桌子上的情况，这时要轻轻地把名片放在桌子的左上角，要方便对方确认姓名
	平时多准备一些名片，保管在名片夹里，随身携带
接名片	接名片的时候要站起来，用双手收下，或用右手递名片，左手接名片
	收到名片时要读出对方所属的公司和姓名
	保管好收到的名片，注意不要用手来回摸名片或把名片弄皱
	不要在收到的名片上乱写或涂鸦

介绍礼仪

　　介绍是社交场合中人们相互了解的基本方法。介绍可以缩短人与人之间的距离，在工作或日常生活中建立关系。为他人做介绍时，三个人都要站起来；互相做自我介绍时，要说出自己的姓名、所属公司和职位。

　　为他人做介绍时，要注意以下事项：

· 先把男性介绍给女性。

· 先把晚辈介绍给长辈。

- 先把后辈介绍给前辈。

- 先把未婚的人介绍给已婚的人。

- 先把下属介绍给上司。

- 先把组织内部人员介绍给外来人员。

- 先把个人介绍给团体。

- 当 A 想要认识 B 时，先把 A 介绍给 B。

- 介绍的时候，要把所属公司、职位、姓名都纳入介绍内容。

访问礼仪

当婚礼策划师因为业务上的需要，要访问合作公司或者顾客时，要先预约再去访问。访问时要注意以下礼仪。

表 4-3　访问礼仪

场景	礼仪
预约	事先告知访问的目的，预先定好访问日期
	按照预约的时间到访
	要迟到或者无法访问时，要在约定的时间之前打电话向对方说明情况，寻求对方的谅解
访问	要比约定的时间早一些到，并再次检查自己的仪表和服装是否得体
	带好可能会用到的文件和材料
	对方有可能忘记约定，或者因为有急事不在约定的地点，所以要提前再确认一遍访问时间和地点
	不要询问私人问题
	即使访问目的没有达成，也要遵守礼仪，端正态度

续表

场景	礼仪
入座	如果有人安排席位，就坐在安排的位置上
	上座一般是给长辈预留的席位，如果没有特别安排，不要坐上去
	等待的时候不要左顾右盼，要安静地等待
	和负责人寒暄过后递上自己的名片
	如果对方准备了茶水或饮料，要表示感谢，等对方劝你喝的时候再喝
	办完事情之后，要先郑重地道别再离开

接待礼仪

表4-4　接待礼仪

场景	礼仪
接待顾客	把顾客安排到咨询室时，要注意离门口远的位置是上座
	告知顾客茶水或饮料的种类，让顾客自己挑选，然后将茶或饮料放在顾客的右手边
	咨询中不接电话，不做其他的事情，把注意力集中在顾客身上
	顾客离开的时候，要认真对待，一直送到门口
迎接、引导顾客	向导要走在离顾客2～3步远的斜前方
	如果门是向外开的，就应先打开门然后让顾客先进去；如果门是向里开的，就应先进去开门，等顾客进来
	为了不让顾客感到无聊，可以提供报纸和杂志等
	负责人如果迟到的话，要告诉顾客负责人迟到的理由和预计到达的时间

电话礼仪

如果说见面时给对方留下的第一印象很重要，那么在通电话时，第一句问候语也同样重要。在通电话的时候，声音和态度可以体现出自己的知识水平和涵养，所以要调节好音色和音量，亲切地问候对方。也要习惯在通电话的时候面带微笑，并且记录好通话内容。

表 4-5　电话礼仪

场景	礼仪
接电话	电话声一响，马上接起电话
	接电话的时候态度要端正，告知对方自己所属的公司、部门还有姓名
	要用明亮的声音讲电话
	接电话时要准备好纸和笔，一边打电话一边记录电话内容
	遇到打错的电话，也要亲切有礼
	挂电话前，再次简单地重复通话内容，核对信息，特别是日期、时间、金额等重要的数字，要再次确认
	如果有难以理解或者想要了解的内容，在挂电话之前要再询问一遍
	挂电话时要有礼貌，要道谢，先确认对方已经挂断电话，再轻轻地挂电话
打电话	先在纸上写下将要通话的主题和内容，并确定对方的电话号码、所属公司、姓名等信息
	在对方接电话后，先告知对方自己所属的公司和姓名，询问对方现在是否方便通电话，如果方便，只讲重点
	简单明了地说出给对方打电话的目的，留意对方的反应
	通话过程中如果遇到断线的情况，应由打出电话的一方再次打电话给对方
	挂电话时要有礼貌，要道谢，先确认对方已经挂断电话，再轻轻地挂电话

表 4-6　打电话时不合适的语句和恰当的语句

不合适的语句	给人的感觉	恰当的语句
"等一下。"	命令	"不好意思，请问您能稍等一下吗？"
"什么？听不清楚。"	脾气大	"不好意思，请问您能再说一遍吗？"
"你为什么要问这个？"	反问	"是，确实是这样的情况，但是……"
"你是谁？"	威胁	"不好意思，请问我该怎么称呼您呢？" "不好意思，请问您贵姓？" "不好意思，那我该怎么传达呢？请问您贵姓？"
"大约需要……"	想当然	"大约需要……如果在这之前能够处理完，我就给您打电话。"

表 4-7　不同状况的应对方式

情景		恰当的语句
接电话时		"您好，感谢您的来电，这里是××公司，我是××，请问有什么可以帮您？"
打电话时		"您好，我是××公司的××。请问您现在方便接电话吗？"
听不清楚时		"您好，这里电话信号不太好，请问您可以再拨一次电话吗？" "实在不好意思，电话听不清楚。请问您能大声一点儿吗？"
挂电话时		"谢谢您，祝您生活愉快，再见。" "谢谢您，再见。"
通话中	让对方等待时	"不好意思，请问您能稍等一下吗？"
	等待过后	"不好意思，让您久等了。"
	拜托对方时	"不好意思，请问您可以帮我……吗？"

情景		恰当的语句
通话中	对方找人时	"好的，马上帮您连线。如果在通话中断线，您可以拨打××。" "将给您转拨××，请稍等。"
	负责人在通话中时	"不好意思，×× 在通话中，一时接不了您的电话。如果您需要留言，我可以帮您转达。"
	负责人不在时	"现在 ×× 在开会，不在办公室。如果您需要留言，我会帮您转达。" "现在 ×× 不在办公室，如果可以的话，等他回来了我给您回电话。" "实在不好意思，×× 现在不在公司。"

资料来源：Park Hye Jeong(2013). Introduction to Customer Service. Baeksan publishing. p.260-265。

邮件礼仪

给顾客发邮件时，需要注意以下礼仪：

· 标题一定要言简意赅，不要写会被误会成垃圾邮件的标题。

· 开头的问候语要简短。

· 邮件内容要简短，只写重点。如果邮件过长，尽量在开头写上最重要的内容。

· 邮件中需要包括六大要素，即何人、何事、何时、何地、何因、如何做。

· 邮件不要过于严肃，可以用亲切的语气和标准语，不要加入过多的表情图片。要使用让人一目了然的语句，避免产生误会。

· 图片要放在比附件更显眼的位置。

· 尽量控制附件的大小，压缩得越小越好。

· 要在邮件的最下方写上自己所属的公司、职位、联系电话等基本资料作为落款。

· 收到邮件时要及时回复对方。如果无法马上回复邮件，要发一封邮件告知对方大约什么时候能给对方答复。

· 如果不需要重复确认对方的邮件内容，相比回复邮件，编辑新邮件是更好的选择。

传真礼仪

给顾客发传真时，需要注意以下礼仪：

· 因为很多人共用一台传真机的情况较多，所以一定要明确地写上收信人的姓名。

· 发送传真时，为了不让文字被裁掉，要设定好边距。如果文件有好几页，要写页码。

· 如果文字本来就不清晰，经过传真后文件会更加模糊，所以要将字体加粗再发送。

· 发送传真时，要在封面上写上收信人、标题、文件个数和页数、发信人、日期等信息。

· 要打电话确认对方是否已收到传真。

接待咨询的礼仪

接待顾客咨询时，需要注意以下礼仪：

· 与顾客事先预约好时间后，一定要守时。

· 事先准备好咨询时会用到的信息及材料。

· 提前与顾客重复确认预约的时间。

· 顾客来访前，事先检查资料，做好迎接顾客的准备。事先想好顾客会问到的问题，准备好应对方案。

· 要比顾客早一些到，做好接待顾客的准备。

举止礼仪

表 4-8 举止礼仪

项目	礼仪
站姿	脚后跟并拢，脚尖向外开 15 度左右
	膝盖用力，双腿贴近，站直
	收腹，挺胸，肩膀放平
	眼睛端正地凝视着正前方，微微收下巴
	胳膊贴着身体，两手自然地在身体前面相握或垂在身体两侧
坐姿	挺直腰杆，肩膀和胸向后打开，坐姿端正
	视线向着正前方，直视对方的眼睛
	女性将双腿并拢，摆正或者倾斜；男性可以适当将腿部分开，与肩膀同宽。不可以抖腿或者跷二郎腿，坐姿要自然
	离开座位时，要把椅子放回原来的位子上
走姿	头和脖子要伸直
	视线要保持在斜上方 15 度左右
	挺胸，身体的重心放在伸出去的脚上
	手要自然地握拳，胳膊以向前 40 度、向后 15 度的幅度摆动
	不要弯膝盖，步子要轻快、稳当
步行	上楼梯时，让年长者或者外部人员先上；下楼梯时，晚辈先下
	男女一起上楼梯时，男性先上；男女一起下楼梯时，女性先下
	带着顾客上楼梯时，向导先上
	上楼梯时不要跑跳、推拉别人
	可以缩小步幅，不要发出脚步声
	不要背着手或挽胳膊，也不要大声喧哗
	要超越其他人时，先寻求对方的谅解
	有人迎面而来时，稍稍侧身，不要碰到对方

温馨小贴士

　　1. 为了做好顾客咨询，应提前把顾客需要的材料和信息都准备好，做成文件。

　　2. 掌握如何根据顾客的性格特点应对咨询的技巧。

　　3. 熟练运用各种商务礼仪，掌握在不同场合下与顾客交流的方法。

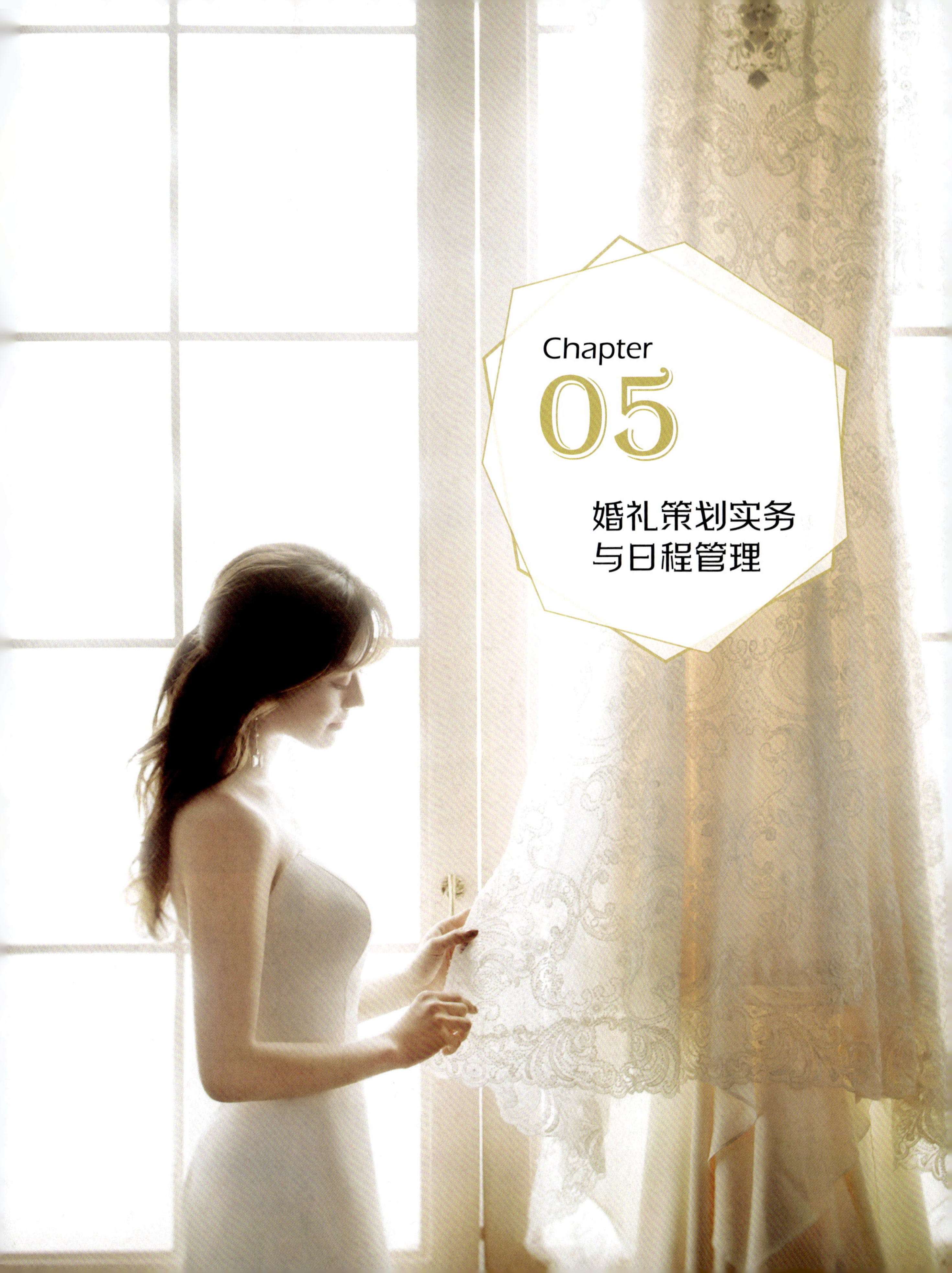

Chapter

05

婚礼策划实务与日程管理

　　李尹玉在《婚礼消费者的满意度》中提到，新人十分期待婚礼策划师为自己提供以下服务：

★ 提供符合自己的风格和喜好，并且符合当下潮流的有效信息。

★ 给出符合预算的策划案。

★ 缩短自己筹备婚礼的时间，使准备婚礼的过程更顺利。

★ 通过婚礼咨询购买商品可以有优惠价。

★ 如果在准备过程中发生问题，婚礼策划师可以帮自己解决。

★ 以专家的视角，为自己打造最特别、美丽的婚礼。

　　在婚礼策划的过程中，我们需要从以上这些角度入手，为顾客提供相应的服务，满足顾客的需求。这些服务构成了婚礼策划实务。下面，我们从制作咨询时用的表格、顾客咨询应对、准备婚礼策划方案、婚礼商品预约及订购、管理顾客日程这五个方面来解析婚礼策划实务。

制作咨询时要用的表格

在顾客来访、制订具体的婚礼策划方案前，婚礼策划师要制作好咨询时和完成婚礼策划的过程中要用到的一系列表格，这样才能提高工作效率，提升咨询效果，更好地完成婚礼策划工作。

初次访问表

顾客第一次来咨询时，为了了解顾客的基本信息，需要请顾客填写顾客问卷调查表，其目的如下：

· 收集顾客的基本信息、喜好。

· 了解顾客是否需要其他咨询服务。

· 了解顾客的预算。

· 了解在准备婚礼的过程中顾客认为最重要的是什么。

· 了解顾客需要婚礼策划师帮助的事项是什么。

表 5-1　顾客问卷调查表

	新娘	新郎
姓名		
电话		
邮箱		

婚礼日期		婚礼地点	

1. 平时喜欢什么样的照片风格？（　　　）

A. 简洁干练的都市风

B. 古典端庄风

C. 可爱甜美风

D. 华丽浪漫风

E. 其他：＿＿＿＿＿＿＿＿＿

2. 婚纱照和婚礼当天的礼服、摄影摄像、妆发的总预算大约是多少？（　　　）

A. 12000 元以下

B. 12000 ～ 15000 元

C. 15000 ～ 17000 元

D. 17000 ～ 20000 元

E. 20000 元以上

3. 新娘想穿哪种风格的婚纱？（　　　）

A. 干练都市风

B. 华丽公主风

C. 可爱甜美风

D. 古典端庄风

E. 其他：＿＿＿＿＿＿＿＿＿

4. 您认为准备婚礼时，最重要的是什么？（　　　）

A. 婚礼场地

B. 婚礼商品（照片、婚纱、发型、化妆等）

C. 蜜月旅行

D. 没有想过

5. 您咨询过别的婚礼策划师吗？（　　　）

A. 是　B. 否

6. 您是从什么渠道了解到我们公司的？（　　　）

A. 朋友推荐　B. 网上宣传　C. 微博或微信　D. 其他：＿＿＿＿＿＿＿＿＿

预算报表

制订预算报表，详细写明婚礼准备过程中的各个项目、准备时间、预算等，这样可以让新人更加高效地准备婚礼。

表 5-2　预算报表

类型	项目	内容		预估费用	备注
婚礼场地	婚宴厅租金				
	装饰用花				
	喜宴				
	司仪				
	摄影、摄像				
	酒水				
	照片台和甜品				在婚宴大厅摆照片台，还可以准备一些甜品供来宾享用
	费用小计				
婚礼商品	婚纱	婚礼当天			
		拍婚纱照时			
	新郎礼服	婚礼当天			
		拍婚纱照时			
	伴郎、伴娘服				
	照片				
	妆发	婚礼当天			
		拍婚纱照时			

续表

类型	项目		内容	预估费用	备注
婚礼商品	花材	捧花			
		胸花			
	请帖				
	费用小计				
互动环节	现场表演				
	视频和影集				用新人小时候和恋爱时的照片，再加上婚纱照，制作成视频影集，大多在喜宴前播放。还可以将婚礼当天拍摄的视频剪辑制成短片，在婚宴过程中播放
	费用小计				
	费用总计				

制作合同

与顾客协商完毕、确认为顾客服务后，就要与顾客签订合同，因此合同也要提前准备好。签合同前，需要做如下工作：

① 一边给顾客看合同，一边详细说明合同内容。

② 核对顾客的基本信息，着重确认手机号码和邮箱是否正确。

③ 与顾客一同确认婚礼商品的总金额和具体金额，并根据公司的规定，介绍定金、中期款和尾款的打款时间及打款方式。

④ 说明与合同有关的婚礼咨询条约，包括婚礼咨询合同的使用条款、解除合约条款、提供信息至第三方条款、违约金支付条款等。

⑤ 介绍婚庆服务的相关规定，包括：在商品及服务产生问题时，相关的补偿办法及补偿金额；婚庆服务补偿制度的适用范围；条款明示的补偿金支付时间；如何处理没有在补偿制度中明示的事项。

制作准备婚礼的日程计划表

签完合同后，婚礼策划师需要根据新人的日程安排，按照准备婚礼的步骤，与新人一同制订日程计划表，以便新人对大致流程了然于心，这样也可以确认做某件事的具体日期。

表5-3　准备婚礼的日程计划表（以4月咨询、9月结婚为例）

项目	时间					
	4月	5月	6月	7月	8月	9月
婚礼场地	选择婚礼场地			前往婚宴场所试吃	咨询并确认婚宴厅的装饰	婚礼前1周检查婚礼当天的各项准备工作是否都已完成；订购捧花、胸花等花材
婚纱		逛几家婚纱店，并选择一家签约		选好婚礼当天要穿的婚纱，并量好尺寸	结婚前1～2周再次确认尺寸	
拍婚纱照		确定婚纱摄影店		拍摄		
新娘妆发		做相关功课，实地参观，咨询和试妆，签约			婚礼前1～2周试新娘妆	
婚礼当天拍摄		确认婚礼当天的摄影师、摄像师				婚礼当天拍摄
结婚礼物		挑选并购买结婚礼物				
挑选司仪				挑选并确认司仪		
结婚旅行	咨询后与提供蜜月旅行的公司签约					

制订顾客管理表

顾客管理表是用于确认婚礼筹备进度的重要文件之一，表格里包含顾客信息、与顾客签约的内容、各个合作公司的名称、商品的构成、资金明细等。近年来，大部分公司会将这些内容输入电脑形成客户数据库，以便进行管理。

客户数据库的信息构成如下：

① 顾客信息，包括新郎新娘的姓名、电话、邮箱、结婚日期、拍婚纱照的日期等。

② 婚礼商品的信息，例如婚礼场所，影楼、婚纱店、美妆师等合作公司或个人的名称，婚纱风格和类型，造型风格等。

建立数据库后，婚礼策划师还需要对数据进行管理和维护。例如：随时录入新信息；注意将有价值的新信息录入数据库；及时更新已有的信息，例如影楼提供的新的样品名目、提供时间、商品构成、价格变动等，并注意研究和分析这些信息。

表 5-4　顾客管理表

婚礼策划师姓名			联系电话		
新娘姓名			联系电话		
新郎姓名			联系电话		
婚纱照拍摄日期		结婚日期		婚礼场地	
合作公司（或个人）名称			商品及服务内容		合约金额
礼服	拍婚纱照				
	婚礼当天				
影楼 / 摄影师	拍婚纱照				
	婚礼当天				
化妆	拍婚纱照				
	婚礼当天				
捧花					
度蜜月					
婚宴表演					
总计金额					
收款细则及日期	定金		中期款		尾款
咨询日期	第一次		第二次		签约日期
备注					
顾客了解咨询公司的途径					
推荐其他顾客的可能性					

顾客咨询

第四章笔者已经提到过，在婚礼策划中，顾客咨询的效果好坏是一单生意成功与否的关键。第四章已经详细介绍了各种咨询技巧及商务礼仪，下面再介绍一下顾客咨询的流程。

迎接顾客

在顾客来访前，为了给顾客提供更好的服务，提高咨询的订单转化率，婚礼策划师需做如下准备：

① 预先规划好顾客进入公司后的行进路线。

② 预先准备好咨询时要用到的资料和道具，包括名片、顾客问卷调查表、顾客管理卡、婚礼商品资料、婚礼预算表、合同、笔记本电脑等。要把相关资料做得更加系统化，以便必要时可即刻调出。

③ 要充分了解合作公司的商品，包括商品价格、新品、当季主推品等，还要充分了解行业动态，提前将收集的信息整理成资料。整理时，要突出重点，确保整理出的资料可以成为与其他婚礼策划师竞争时的筹码。

④ 平日就要注意表情管理，要用笑脸迎接顾客。

接待顾客咨询

在顾客咨询的过程中，婚礼策划师要注意以下要点：

① 咨询开始时，让顾客先填一份基础问卷。通过问卷，了解顾客的基础信息、特点、喜好、预算。

② 和顾客一起，一边看问卷，一边再次确认婚礼日期、场地等基本信息。

③ 要确定顾客有没有和别的咨询公司接触过，以确定是否要调整咨询方案。如果有，可以分析一下其他咨询公司的优势和劣势，分析其婚礼商品的构成及价格，将资料整理成文件。通过分析这些资料，向顾客说明其他公司和本公司的差异。

④ 向顾客说明准备婚礼的大体流程。因为大部分新人不太了解这一点，所以在向新人讲解流程的过程中，新人会对婚礼策划师的专业性有新的认识。

⑤ 了解顾客预算。每对新人对每个项目的理解不同，重视的方面也不一样，在每个项目上的预算也不尽相同，因此要掌握新人的消费观和在每个项目上的预算，包括婚纱照、

新娘妆、蜜月旅行、结婚礼物等。

⑥ 与顾客商谈时，要灵活运用婚礼商品的图片、宣传手册、视频等视觉材料。

⑦ 要推荐符合顾客需求的商品和公司，并说明推荐的理由。向顾客介绍时，要详细说明可以提供的优惠、服务等，这样可以让顾客认识到请咨询公司的必要性，也能让顾客对婚礼策划师推荐的公司有个好印象。推荐时，不要提供太多选项，以免顾客难以抉择，一般推荐2～3家公司即可。需要注意的是，婚礼策划师只负责推荐，要让顾客来做最终决定。

⑧ 给出符合顾客预算的合理策划方案。站在顾客的立场上，用正确、易于理解的方式讲解策划方案，一边说明，一边时不时地和顾客确认这是不是顾客想要的。如果顾客有疑问，要给出正确、易于理解的答复。

⑨ 一边给顾客看商品价格清单，一边详细说明，给出预估金额。说明时需要注意，一定要用便于顾客理解的方式。如果顾客提出疑问，不要打断顾客的话，要耐心听完。如果不得不打断顾客的话来说明某个问题，要先致歉，寻求顾客的谅解。

⑩ 在适当的时机自然地引出签约的话题，并签下合同。签合同是婚礼策划师公认的最难的部分，所以一定要找到与顾客沟通的方式，想办法创造"关键时刻"，促成签约。签合同前，要详细说明合同条款、费用明细等。

⑪ 咨询结束后，将咨询的内容整理成文档。

⫻ 知识链接 ⫻

为了做好咨询，要理解"套餐服务"

婚宴厅包办（WEDDING TOTAL PACKAGE）

婚宴厅包办是指除承办婚礼仪式和婚宴外，婚宴厅还负责向新人提供婚纱照、婚纱、妆发等服务。这种套餐服务有些是婚宴厅直接提供的，有些是婚宴厅与合作公司共同推出的。

韩国的婚宴厅产业刚刚兴起时，大多数新人选择了婚宴厅包办服务。但后来因为政府用法律约束婚宴厅售卖商品的行为，所以婚宴厅包办服务日渐式微。但是近几年，又有不少新人希望婚宴厅提供包办服务，所以婚宴厅会预先与一些公司建立联系，为顾客提供服务和商品。在中国，以大城市为中心，专业的婚宴厅越来越多，而且这些婚宴厅的规模往往很大。婚宴厅里会专门设有商铺，以便顾客选择适合自己的婚礼商品。

影楼包办（STUDIO PACKAGE）

影楼包办指由影楼提供所有和婚纱、化妆相关的服务。在婚礼策划师这一职业诞生前，一些影楼就已经配有专业的咨询师，可以一并解决婚纱和化妆的问题。在韩国，影楼包办服务可以分为两类：一类是顾客只需决定选择哪一家影楼，影楼会给顾客准备婚纱、新郎礼服，提供化妆等一系列的服务；一类是影楼与合作公司一起提供服务，以影楼为中心，连接顾客和其他合作公司。在中国，婚纱、化妆、婚纱照等服务一般由影楼或摄影公司包办。

婚礼咨询公司包办（WEDDING CONSULTING PACKAGE）

婚礼咨询公司包办是指婚礼咨询公司与相关的公司合作，共同为新人提供服务。与婚礼咨询公司合作的影楼、婚纱店、造型师等会根据公司的风格、市场定位、地域的差异而有所不同，所以顾客的选择范围也很广，可以根据自己的喜好来选择。中国地域广阔，地域差异较大，婚礼咨询公司要想做得长久，必须能够洞悉顾客的需求，然后与不同的婚礼商品公司合作，为新人提供差异化服务。

顾客亲选包办服务（WALK-IN PACKAGE）

有些顾客会自己收集婚礼商品公司的信息，再从中选择满意的公司。从花费的时间和得到的信息量来看，这种方式效率不高，但因为网络的发达，顾客获取信息的渠道越来越多，这种方式也越来越流行。

听取顾客的意见

咨询结束后，要主动询问顾客的意见或建议，然后给出回应。有的顾客即使对咨询过程表示满意，也可能不签约，所以一定要与顾客预约下次见面的具体时间。如果顾客不太满意咨询内容，一定要找到自身的不足之处，并对顾客表达歉意。面对顾客投诉时，要让顾客看到自己立刻纠正、努力弥补的态度。对于执着于砍价的顾客，要对其说明价格的合理性，不要被顾客牵着鼻子走。

送走顾客

咨询结束后，顾客要起身离开时，要用以下方式结束对话：

"请问您还有什么想了解的内容吗？"

"有什么想了解的内容，欢迎您随时联系我们。"

"请确认有没有落下什么东西。"

"请问我给您的资料和合同都拿好了吗？"

"回去之后您可以再考虑一下，我很希望与您一起筹备您的婚礼。"

顾客起身时，要询问顾客来往的交通方式，如有需要，可以帮顾客取车。顾客准备出门时，要先去给顾客开门，再亲切地送客，将顾客送到公司门口或整栋楼的出入口再道别。道别时，与顾客对视，根据实际情况与顾客道别，例如：

"您慢走，希望您度过愉快的一天！"

"那么我们下次就按约定的时间再见吧。祝您有个幸福的午后时光。"

婚礼商品和服务策划

　　结束顾客咨询、完成签约后，就要开始具体策划了。不同的婚礼商品和服务有不同的策划要点，婚礼策划师要多收集相关材料，根据婚礼商品和服务的特点和顾客的需求有针对性地策划。

婚纱照策划要点

· 了解顾客的喜好，给顾客介绍适合他们的影楼。

· 为顾客提供影楼的样片和影集，让顾客对照片和影集的风格、质感等有更直观地感受。

· 告知顾客婚纱照套餐包含多少张照片、服装和场景的构成以及其他附加费用等事项。

· 预先告知拍照所需时间，根据顾客的日程安排决定拍摄婚纱照的日期。

· 告知顾客在拍照前需要准备的东西以及其他注意事项。

· 需要注意的是，一般最晚也要在婚礼前一个月拍摄婚纱照，这样才可以在婚礼当天播放相片集，所以要提前提醒顾客尽早完成拍摄。

婚纱策划要点

· 通过顾客填写的问卷了解顾客平时喜欢的风格，并参考结婚场地、季节、新娘的身材及脸型、租借价格等因素，推荐 2～3 家婚纱店给顾客。一边和顾客一起看样片，一边讨论如何选择婚纱。

· 签合同前，明确告知可以免费试穿的婚纱件数。

· 预约参观婚纱店的时间，提前告知顾客参观婚纱店以及试穿婚纱可能产生的费用。建议顾客，为了使试穿的效果更好，可以先化妆并做一个简单的发型再去试穿。

· 选婚纱时，一般会逛 2～3 家婚纱店。参观婚纱店时可以先看一圈，再选几件试穿。这个过程主要是感受婚纱店的氛围并简单了解婚纱店，不用直接决定要选择哪一件婚纱。逛了几家店之后，让顾客决定选择哪一家，再找时间去挑选拍摄婚纱照时要穿的婚纱和婚礼当天要穿的婚纱。

· 拍婚纱照时穿的婚纱要在拍摄前一周到店确认尺寸，而婚礼当天要穿的婚纱则在婚礼前一周到店确认尺寸。

· 在婚礼旺季，婚纱店会比较难预约，所以要提醒顾客尽快选择婚纱店，提早安排。

新郎礼服策划要点

· 新郎也是婚礼的主角，要让新人知道新郎礼服在婚礼中的重要性。

· 推荐新郎礼服时，要考虑新娘的婚纱、新郎的身材和礼服的价格，推荐最适合新郎的礼服。

· 有的新郎倾向于定制一套礼服，所以要提前询问新郎的想法，针对想定制礼服的新郎，要为其提供详细的介绍。

· 为了让婚纱照的风格具有多样性，建议新郎选择 2～3 套不同款式的礼服。

· 预约挑选礼服的时间时，要根据新娘挑选婚纱的行程来确定新郎挑选礼服的行程。

· 挑选完毕后，还要在婚礼前一周到店，检查一下服装是否已经按新郎的尺寸修改好。

妆发策划要点

·提前准备一目了然、简洁易懂的商品和公司资料，供新人挑选。一定要推荐符合新人的风格、条件、预算的公司。还要告知新人，根据化妆师职级的不同，收费标准也不同。

·拍婚纱照和举行婚礼之前，要预先与负责新人妆发的公司约好时间。

·为了使妆发的效果更理想，要提醒新人，在拍婚纱照和婚礼举行前一天要保证充足的休息和睡眠时间，当天化妆前只擦水乳，不可用护发产品等。

捧花策划要点

·询问新娘有没有特别喜欢的捧花样式和花材种类，然后根据婚礼场地、婚纱款式、季节、新娘的身材等，推荐捧花的花材与样式。

·确认拍婚纱照时是否需要鲜花捧花。

·向新人说明鲜花捧花的价格会根据当前季节、款式的不同而浮动。

结婚礼物策划要点

· 向新人介绍结婚礼物目前的流行趋势。

· 介绍礼物种类，建议新人为礼物准备适当的预算。

· 向新人说明鉴定证书等信息的重要性。

· 向新人推荐可靠的品牌或店铺。

· 告知店铺新人的预算并预约到访日期，挑选完毕后确认取货日期。

蜜月旅行策划要点

· 根据新人旅行的目的，推荐适合新人的旅游地点。

· 说明旅行方式，看看新人是想跟团游还是自由行。

· 根据日程和费用，估算旅行经费。

· 制订详细的日程安排。

· 告知准备蜜月旅行时的注意事项，如准备证件、行李等时需要注意什么。

商品预约及订购

婚礼商品的预约

在婚礼的筹备过程中，按阶段将婚礼商品信息提供给顾客、帮助顾客与各个商家预约及订购商品是很重要的任务，因此，一定要小心谨慎，谨防失误。

预约商品时的流程

① 首先确认顾客方便和不方便的时间。

② 确认各个商家可以预约的日期。由于现在大多数人是用电话预约，因此一定要反复确认。

③ 一般以顾客方便的日期为首选，若在该时间段无法预约，则要及时与顾客进行协商。

④ 确认访问商家方便的日期并进行预约。在约定日期前 3 ~ 4 天分别与该商家和顾客确认时间安排。

⑤ 整理与各个商家预约的日期。为了防止时间上冲突，请务必制订进程表并按顺序逐一进行，防止错过预约时间以及重复预约的情况发生。

表 5-5　商家预约确认表

日程	公司名称	顾客方便的日期	公司方便的日期	最终决定的日期
逛婚纱店				
拍摄婚纱照				
试新娘妆、发型				

预约不同商品时的注意事项

①婚纱

有的新人会在同一家店里选择拍摄婚纱照时穿的礼服和婚礼时穿的礼服，也有的新人会在不同的店里挑选，要根据不同的情况提前与相关的商家预约。

②结婚照

不同的顾客对结婚照有不同的需求，如有的只需要婚纱照摄影，有的只需要婚礼摄影，有的婚纱照、婚礼摄影都需要，需按照顾客要求预约。所有拍摄都需提前 3～4 天再次进行确认。

婚礼当天，要提前将顾客的特殊需求准确地告知摄影师。

③新娘发型 & 新娘妆

预约化妆前，先询问商家是否提供试妆服务，再确定预约时间。一般试妆需要 3～4 个小时，所以要确定新娘是否有其他日程，以便提前做好安排。到店后，让新娘详细描述自己想要的发型、妆容风格及样式，并听取专业美妆师的建议。

④蜜月旅行

在与顾客沟通后，将顾客的详细要求以邮件的形式发送给旅行社，或用其他方式与旅行社沟通，请旅行社推荐合适的行程。接下来，帮顾客预约，让顾客可以直接与旅行社面谈或通话。

与商家预约的对话示例

婚礼策划师："您好，我是 ×× 公司的婚礼策划师 ××，想确认一下可以去看婚纱的日期。"

商家："您好，我帮您确认一下。顾客想什么时候来呢？"

婚礼策划师："您看 × 月 × 日或 × 月 × 日可以吗？新娘要出差，所以只有这两天可以去看婚纱。"

商家："好的，请稍等。实在不好意思，× 月 × 日已经有预约了，可以预约 × 月 × 日的下午 × 点。"

婚礼策划师："好的。那我和新娘确认一下，再给您回电话。谢谢。"

商家："好的。谢谢您，再见。"

与新娘确定日程的对话示例

婚礼策划师："您好,打扰了。给您打电话,是想和您商量一下逛婚纱店的日期。婚纱店说 × 月 × 日无法预约,但是 × 月 × 日的下午 × 点可以预约。"

新娘:"哦,是吗?那我和男朋友商量之后,再给您回电话,可以吗?"

婚礼策划师:"好的。您那边商量完再联系我就可以。"

新娘:"我们 × 日有空,是下午 × 点对吧?我们可以去。"

婚礼策划师:"那我们就定在 × 日的下午 × 点去看婚纱。我整理出日程安排后给您发过去。"

新娘:"好的,谢谢您。"

预订婚礼商品

订货单是指新人经过咨询后与商家订购商品的单据。订货单中要包含公司名称、商品名称、发货日期、数量等具体的信息。现在大部分商家会使用电子订货单,这样管理起来更加便利。

编写订货单时,要先确认合约内容,然后准确填写顾客基本信息、婚礼日期、联系方式等。先确认商家名称,再确认商品内容。要将顾客的特殊要求写入备注栏里。填写完毕后,将填写好的订货单发送给商家。一定要确定商家已收到订货单,并核对订货单内容。如有变动,要在与该商家通过电话后,再填写订货变更单,然后发送给该商家。

友情提示:一定要写入商品订购单的内容

· 婚礼策划师的姓名及联系方式。

· 新人的姓名及联系方式。

· 婚礼日期、婚礼场所。

· 提供商品的商家名称。

· 订货内容。

- 订货单发送日期。
- 确认商家收到订货单的日期（一定要确认）。
- 备注（注明新人的特殊要求或特别的注意事项）。

发货单

发货单是指购买商品之后商家给出的发货明细，一般在顾客已预约的日程全部结束后开具。发货单对商家来说是收款单，对顾客来说是购物凭证，所以一定要仔细填写。婚礼策划师要在发货单上详细写明商品名称、数量、规格、金额、发货日期等交易明细。如果发货单上有错误，要及时更正。

友情提示：一定要写入发货单的内容

- 发货单号。
- 发货日期。
- 发货商家名称。
- 顾客姓名。
- 顾客婚礼的日期。
- 顾客购买的商品明细、金额。
- 各个商品的使用日期（如拍摄婚纱照的日期、试新娘妆的日期等）。
- 负责结账的公司负责人姓名及电话号码。
- 婚礼商品的总金额。

顾客的日程管理

顾客咨询完毕后，婚礼策划师要为已经签下合同的顾客提供日程管理服务。

进行日程管理的目的：

① 婚礼策划师可以通过管理日程，合理安排顾客行程，陪同顾客去不同的店选购商品，在陪同顾客的时候自然地为顾客提供一些相关的商品信息。这样做可以和顾客更亲密，提高顾客对自己的依赖度。

② 提高顾客对服务的满意度。

③ 预防顾客与商家发生矛盾和纠纷。

友情提示：安排日程的注意事项

· 要确认顾客方便和不方便的日期、时间点及时间段。

· 要检查计划的日程是否安排得过于紧凑。

· 变更计划时，要确保不要影响其他日程安排。

· 划分日程节点，按时检查每个阶段的婚礼准备工作的完成情况。

· 将日程计划做成文档，并用它来核对工作进展。

· 根据日程，及时给顾客提供必要的信息。

根据顾客来咨询的时间有针对性地进行日程管理

顾客于婚礼举行前 3 个月来咨询：因为此时婚礼的准备时间已经所剩无几，所以婚礼策划师要做好日程安排，让顾客可以迅速地准备各项事宜。

顾客于婚礼举行前 6 ～ 10 个月来咨询：6 ～ 10 个月是准备婚礼的平均所需时长，针对这样的顾客，可以按照婚礼流程和常规时间安排日程表并执行。

顾客于婚礼举行前 1 年来咨询：由于此时距离婚礼还有较长时间，因此婚礼策划师可以按照婚礼流程仔细地规划。需要注意的是，在时间充裕的情况下，有些顾客会中途选择其他咨询公司，所以要用心管理顾客。

按照日程表，给新人发送提醒信息

婚礼策划师需要根据日程表，及时给顾客发送提醒信息，这样一来，一是可以把握婚礼筹备的进度和完成情况，二是可以与顾客建立更亲密的联系。下面给出的是一个发送给婚期在 9 月 15 日的新人的提醒信息案例。

签约后

您好，我是您的婚礼策划师 ××。从今天开始，我会按照日程安排，按时给您发送提醒短信，告诉您需要准备的事项以及需要提前考虑的事项。

4 月中旬　安排蜜月旅行

最好在婚礼前的 4 ～ 6 个月就决定好蜜月旅行的地点噢！可以根据预算和个人的喜好选择新婚旅行地，也要提前购置在旅行地穿的衣物。如果在度蜜月前匆忙购买衣服，一是可能很难挑到与您的目的地季节相适应的衣服，二是选到好看合身的衣服就更难了。最近网上有很多专卖蜜月服装的网店，您可以从现在开始就提前看看噢！

一定要确认前往的目的地是否需要签证，而且要及时更换护照噢！

5 月中旬　购买结婚礼物

结婚礼物可以和新郎一起商量，决定是按照当地风俗购买还是根据实际情况购买。若想买钻戒，一定要去鉴定真伪，并且确认商家是否提供售后服务。

5 月中旬　逛婚纱店和婚纱摄影店

逛婚纱店的主要目的是看哪一家婚纱店的礼服最适合您。可以在婚纱店试穿 3 套左右的礼服，在这个过程中可以观察店员是否亲切、礼服材质如何、款式如何等。了解这些情况以后，就可以选择一家您喜欢的店了。我们推荐您在同一家店里选择新郎的礼服。如果您定好了逛婚纱店的日期和时间，可以随时联系我！另外，您也可以逛几家婚纱摄影店，看看样片、跟摄影师沟通一下，选择一家心仪的摄影店。

7月 挑选婚礼当天需要穿的婚纱和礼服

最好提前两个月，根据您的喜好和婚礼的风格、场地等在之前挑选好的婚纱店挑选婚礼当天需要穿的婚纱和礼服，因为热门的款式可能会很紧俏。您也可以提前在网上或杂志上浏览一下您喜欢的款式，到店后店员也会根据您的特点为您推荐。

7月 婚纱照拍摄前一周

还有一周就要拍婚纱照了。您可以提前到店里选择拍婚纱照时要穿的婚纱、礼服并试妆。事先想好想穿的款式和想要的风格，挑选时会更方便。如果您有特别喜欢的风格，可以将图片带过来给摄影师参考。在拍婚纱照之前，要给二位量一下尺寸，以便修改选好的婚纱和礼服的尺寸。您可以提前告诉我您方便的时间。拍婚纱照需要准备的物品，我已在附件中罗列好，请您提早准备。如果您要做皮肤护理的话，请在拍摄前两天去做。另外，做新娘美甲会让您的婚纱照更好看。还有，新郎一定要提前去修一下头发。

7月 婚纱照拍摄前三天

还有三天就要拍婚纱照了！请您放心，婚纱、新娘妆、发型、影楼等各个事项，我会好好跟进的。

7月 婚纱照拍摄前一天

明天就要拍婚纱照了，今天一定要休息好，明天上妆才会美美的！早些休息，做个好梦，不要忘了练习微笑噢！

7月 拍婚纱照当天

今天就是拍摄婚纱照的日期啦，祝您一切顺利，有任何突发情况都可以随时跟我联系。

8 月

在婚礼前一个月就可以开始发送请帖了，请帖上要写明婚礼日期和地点，另外，如果邀请的是双方父母的朋友，一定要在请帖上写上父母的姓名噢！

9 月　婚礼前 1～2 周

在婚礼前 1～2 周前往婚纱店量身改尺寸能确保礼服合身。我会根据您的日程安排，预约量尺寸的时间。婚纱店会配合您的日程，请您放心。

9 月　婚礼前 1 周

新郎一定要在婚礼前 3～7 天修剪好头发噢！如果新娘要染发或烫发，现在就可以去做了。

9 月 8 日　婚礼前 1 周

现在可以订购婚礼当天用的捧花了，您可以根据婚纱的样式，再加上喜欢的风格，提前告诉我您喜欢的颜色、花的品种等。

9 月 13 日　婚礼前两天

还有两天就要举行婚礼了，我会确认好婚宴厅、婚纱礼服、新娘的妆发、捧花等各个事项，请您放心。

9 月 14 日　婚礼前一天

为了明天能更好地上妆，今天要休息好噢，祝您好梦！

9 月 15 日　婚礼当天

今天就是二位大喜的日子了！真心祝贺二位喜结连理！

陪同顾客完成相关日程

在陪同顾客完成各项日程时，婚礼策划师要做如下准备工作：

① 准备好合作商家的名单和地址。

② 在地图上找到合作商家的位置并标记。

③ 与合作商家联络并确认预约日期。

④ 计划好在各个商家之间的移动路线。

⑤ 提前了解合作商家周围的建筑和停车地点。

⑥ 与顾客再次确认日程安排。

与顾客同行时，婚礼策划师的职责如下：

① 坐车去商家时，可以将一些关于该商家的商品构成或特色信息提供给顾客，以便顾客可以快速了解商家。

② 可以提及下一个行程，并提供顾客感兴趣的信息。

③ 为顾客与到访商家相互做介绍，并开始咨询。

④ 听取顾客的意见，尽力满足顾客的要求。

有些商家不希望婚礼策划师陪同顾客一起到店，一方面是因为他们并不了解婚礼策划师的职责范围，另一方面是因为有些婚礼策划师没有明确自己的职责，给合作商家的工作人员造成困扰。为避免这种情况，婚礼策划师与顾客一起到店时，需要注意以下几点：

① 不要过度干涉顾客和商家的商谈。

② 不要强求新人听取自己的建议。

③ 同行时要穿端庄大方的服饰，注意商务礼仪。

温馨小贴士

　　1. 婚礼策划师要准确掌握婚礼策划的流程，整理出每个步骤都需要准备什么，据此制订顾客日程安排表。

　　2. 婚礼策划师要将各个婚礼商品的策划要点整理成书面和电子材料。

　　3. 婚礼策划师要会制作咨询和准备婚礼过程中需要用到的各种表格，并准备相关文件。

　　4. 婚礼策划师要熟知订货流程、各项注意事项和与之相关的商务礼仪。

Chapter

06

婚礼仪式策划

制订仪式策划书

前几章中，我们将讲述的侧重点放在了婚礼商品咨询和合约上，现在开始我们要着重讲解如何策划婚礼仪式及婚礼当天的各项事务。婚礼策划师要通过和顾客的沟通，知道顾客的喜好和需求，然后制订出让顾客满意的仪式方案，并且准确地给出预算。婚礼策划师还要有能力策划不同主题和类型的婚礼，并将仪式完美地呈现出来。

确定仪式概要

首先确定顾客想要举办婚礼的日期、婚礼形式以及宾客人数等信息。根据顾客的需求推荐适合的日期、形式、场所等。要提前确认婚礼场所能否容纳双方的宾客。

婚礼策划师要有能力根据顾客喜欢的风格制订不同的方案，并给出预算。方案的预算与顾客的预算不相符时，要有能力提出第二个方案。

如果顾客想要的婚礼风格或者形式过于不切实际，需要对顾客解释清楚，并能够合理调整方案，在满足顾客需求和方案可行性之间寻求平衡。

表 6-1　仪式概要案例

风格	复古风的小型婚礼
主题	陈旧的未来
策划意图	·陈旧即新颖 (new-old-fashioned)：利用复古的概念，给新人和宾客打造一个温馨、舒适的氛围。尽可能用轻一些的盆栽代替花束，打造出儿时孩童亲近大自然的感觉，婚礼结束后将盆栽作为回礼送给宾客 ·陈旧即价值 (oldies-but-goodies)：将父母或哥哥姐姐用过的东西进行再加工和改造，用在婚礼上，制造出温馨的感觉
时间	2018 年 9 月 15 日 17：00
场所	复古风格的酒店
参与人	新人及其父母、其他直系亲属、亲密的朋友，共计 40 名左右

* 风格和主题的区别：风格是能体现个人意图的，是具体的并且有明确的概念；而主题是偏创意性的，是根据风格提炼出来的。

编写婚礼剧本

为了达到让人满意的效果，婚礼策划师要提前细致地规划出婚礼各个环节的顺序和时长，再结合顾客的意愿，编写出最终的婚礼剧本。为了让婚礼的工作人员提前了解婚礼流程，可以提前让他们熟悉剧本，这样主持人还可根据剧本设计主持词。

策划婚礼剧本时需要注意，如果是教堂婚礼，有些环节的时间会比较长，所以要提前算好时间，为仪式多预留一些时间。如果婚宴过程中演出的比重比较大，需要更加细心地检查舞台和音响设备等相关设施。如果是户外婚礼，要提前设计好应对雷雨天气的方案，找好避雨场所。

表 6-2　婚礼剧本案例：在都市近郊的酒店举行的复古风小型婚礼

顺序	项目	所需时长	内容	装备及道具
1	仪式开始	5分钟	主持人宣布仪式开始	麦克风
2	播放影像资料	2分钟	放映新郎新娘的爱情故事	影像设备
3	暖场演出	3分钟	爵士三重奏	音响设备、麦克风
4	新郎入场	3分钟	新郎手持捧花入场，主持人与新郎对话	灯光、音响设备、麦克风
5	新娘入场	3分钟	新娘挽着父亲的胳膊入场，新郎将捧花送给新娘	灯光、音响设备、麦克风
6	证婚人上台	5分钟	由新郎新娘的小学老师担当证婚人，上台表达对新人的祝福	麦克风、音响设备
7	宣读结婚誓言	7分钟	新郎新娘朗读结婚誓言，交换戒指	麦克风、音响设备、戒指
8	父母祝福	12分钟	主持人邀请父母代表上台，向新郎新娘表达对未来的美好祝福	麦克风、音响设备
9	新人朗读写给父母的信		新人读信，表达对父母的感激之情	麦克风、音响设备
10	朋友祝福		请2～3位朋友表达对新人的祝福	麦克风、音响设备
11	退场	2分钟	新人退场	音响设备
12	表演	10分钟	邀请朋友或专业演出团队表演	麦克风、音响设备
13	宴席	2小时	宾客享用食物，中间穿插切蛋糕的环节（朋友们亲手制作的蛋糕）	音响设备
14	双方父母和新人感谢宾客	根据宾客人数而定	新人和双方父母一起轮桌对宾客的到来表示感谢	无
15	回礼	根据宾客人数而定	给宾客送盆栽，盆栽上可以放上新人写的卡片	盆栽、手提袋

装饰婚礼空间

婚礼空间是指举办婚礼的整个空间，不仅仅意味着宴会厅。婚礼空间可以在船上，也可以在能看到河流的广场上、美丽的公园里、有小庭院的房子中、安静的海边等。

如果举行婚礼仪式的场地和婚宴的场地是分开的，就需要另外找一间宴会厅，宴会厅需配备新娘休息室、大厅、停车场、化妆室、吸烟室、哺乳室、更衣室等。因为婚礼空间的布置会直接影响婚礼的整体氛围，所以要根据空间的不同风格和条件来装饰。布置婚礼空间时，一定要细心考虑性价比、效率、装饰效果等。装饰出来的婚礼空间要让新人和宾客感到舒适，各处空间都要宽敞大气，且有通道连接。

近年来，婚礼的形式和空间布置方案日益多样化，其中派对式的空间布置方案非常受欢迎。这样的婚礼空间将婚礼仪式和派对两种形式结合在一起，使新人和宾客能在轻松愉快的氛围中感受到幸福，婚礼会非常热闹。所以婚礼策划师要能满足强调个性的新时代新人的需求。为了营造最好的婚礼氛围，增强自己的竞争力，婚礼策划师要在装饰婚礼空间领域表现得出类拔萃，而且要不断地查阅资料，积累素材，激发更多灵感。

表6-3　婚礼空间构成

空间名称	内容
婚礼仪式空间	婚礼仪式厅、新娘休息室等
宴会空间	喜宴厅等
公共空间	大厅、休息室、卫生间、吸烟室、走廊、楼梯、扶梯、电梯等
准备空间	发型室、化妆室、婚纱室、摄影间等
设备空间	机电室、设备管理办公室等
室内外停车空间	停车场、车位管理员休息室等

制订空间设计企划案

为了设计婚礼空间的主题和风格、规划婚礼空间的装饰和完成其他必要事项，婚礼策划师要提前仔细查看婚礼空间。婚礼空间实际的风格会根据室内空间各种要素的不同而有差异。色彩、灯光、餐桌等设施的风格和摆放、花饰、道具等都是婚礼空间的代表性要素。装饰婚礼空间需要有专业的知识、经验、敏锐度，所以不妨和专业的设计师合作，一起装饰婚礼空间。

婚礼仪式厅装饰重点

作为举行婚礼仪式的场所，婚礼仪式厅是婚礼的核心空间，婚礼策划师需要将装饰婚礼空间的大部分精力花在这里。婚礼仪式空间可以分为礼台、新人父母桌、宾客席等三个部分。礼台是新人举行婚礼仪式的地点，所以装饰礼台是婚礼空间装饰中的核心内容。要根据空间的规模，适当摆放座席，也要安排好火灾等意外发生时逃生的路线。布置空间时还要考虑宾客们到达座位的便捷性。

① 红毯和礼台

新人入场和退场时走的红毯长度一般为 10 ～ 15 米。专业的婚礼场地会把红毯铺在仪式厅中间，两边用花和其他饰品来装饰。近几年，婚礼的场所和婚礼形式越来越多样化，如果选择在非专业的婚礼场地举行婚礼，则要用容易装卸的物品进行装饰，且要考虑到耐用性。

考察现场时要注意查看空间的规模，决定红毯的长度、红毯旁的摆件、是否用盆栽装饰红毯、是否在宾客的椅子上悬挂饰品等。用盆栽装饰红毯不需要有花艺师的专业技术，只需要安排好盆栽的种类和外包装就可以营造出多种氛围。准备自助婚礼的新人可以和家人、朋友一起包装盆栽，享受准备过程。

仪式上，新娘要和父亲一起入场，如果红毯过窄或者两旁的装饰过多，新娘就有可能因为婚纱被碰到而发生意外，这一点也要考虑到。特别是如果在红毯两侧用香薰蜡烛装饰的话，有可能会将婚纱点着，所以一定要确保红毯足够宽。如果使用香薰蜡烛做装饰，为了预防火灾，一定要将蜡烛放到容器里再点燃蜡烛。

礼台和礼台背景的花饰和其他装饰会根据有无证婚人、室内外空间条件、婚礼仪式中的演出形式等不同而有区别。一般专业的宴会厅的礼台背景是现成的，所以只要着重布置礼台就可以了。如果是户外婚礼，则可以用拱形门来装饰。为了方便移动，可以用木头、铁丝或气球来组装拱形门，这些材质设计起来灵活度高且方便拆卸。在户外布置拱形门时，还需要注意固定，以免拱形门被风吹倒。

② 桌花

装饰宾客餐桌的花饰要与整体空间的布置相搭配，而且桌花不可以遮挡视线。设计时，要详细写出鲜花或假花的色彩、数量和布置细则。不要在桌上摆放容易降低食欲的过于暗沉的花或者香味太浓的花。制作桌花的时候，除了花朵，还可以用干木头、蜡烛等素材。双方父母和贵宾所在桌的装饰要与其他桌区分开，既可以用不同颜色的桌布来区分，也可以用不同的桌花来区分。

除了上述装饰外，还可以根据婚礼空间的情况和婚礼的风格用其他素材对婚礼空间进行装饰，这样可以让婚礼更有情调，使宾客得到视觉上的享受。用不同的素材装饰，会打造出不一样的空间风格，所以婚礼策划师一定要想好"用什么"来打造空间和"怎样"打造空间。

婚礼大厅装饰重点

在婚礼仪式开始之前，新人及一些亲属会在婚礼大厅迎接宾客，这里也是宾客向新人道喜并等候婚礼开始的场所。如果大厅小、宾客多，大家走动起来就非常不方便，所以布置大厅的时候要先想好宾客的移动路线，再做装饰。一般婚礼大厅会摆放新人的照片，这时可以用花等物品来装饰，既可以利用墙面、背景板等做一面照片墙，也可以将照片粘贴成一棵树的形状，还可以准备一个照片展示台，将照片摆放在桌子上，这些都是很受欢迎的装饰方式。

新娘休息室装饰重点

在韩国和西方国家，新娘在进入婚礼殿堂之前，要在新娘休息室和亲戚朋友拍照、聊天。这一习惯源自一个西方风俗。据说在新娘入场之前，新郎看到新娘会不吉利，所以新娘要在单独的休息室里等候婚礼开始。在等候的过程中，新娘可以和亲朋好友们一起说说话，这也可以让新娘放松一些，在新娘休息室拍的照片也会成为美好的回忆，所以新娘休息室的布置也很重要。

在韩国，订婚宴厅的时候，一定会确认新娘休息室的设施是否完善。新娘休息室和婚宴厅的距离一定要近，这样方便新娘移动。一般会用和婚礼的风格和主题相吻合的摆件和鲜花来装饰新娘休息室，有一些新娘休息室里还会有零食台、补妆间、卫生间等。在中国的一些地方，新娘要和新郎、伴郎、伴娘一起在大厅迎接宾客，所以新娘休息室的布置没有那么重要。

193

喜宴空间装饰重点

在婚礼仪式结束后，为表达对宾客的谢意，新人会用喜宴来款待大家。在中国，大部分新人会在酒店或者大饭店举行婚礼，所以举行婚礼仪式的空间也是摆喜宴的空间。

现在，一些喜宴不仅提供餐饮，还会打造像派对一样的场景，将餐厅布置成自助餐厅的样子，宾客可以在其中随意走动。特别是一些举行小型家庭婚礼的新人，会委托专业人士将空间打造成派对的形式，综合考虑婚礼空间的整体风格和喜宴餐食的摆盘，有的还会请专业的婚宴设计师、餐桌搭配师等共同设计。在进行装饰时，不仅要考虑好摆桌的基本要素，还要考虑到餐桌和桌花的颜色、风格等是否与婚礼空间的风格相搭配。

公共空间装饰重点

公共空间主要指的是卫生间、吸烟室等供宾客们使用的场所。公共空间的人流量大，要注意设计多条移动路线，避免某一处太拥挤，同时也要考虑到空间的开放性和宽敞度。

制作婚宴厅空间示意图和移动路线示意图

制订完空间设计企划案后，就可以制作婚宴厅空间示意图和移动路线示意图，作为实际装饰时的依据。制图时，既可以用电脑软件，也可以手绘。

利用 CAD 技术

CAD(Computer Aided Design) 是计算机辅助设计的英文缩写，指设计人员利用计算机及其图形设备进行设计。设计人员可以打开包含空间准确面积、设备位置、建筑材料等信息的文件，利用 CAD 软件来绘图，这样制作婚宴厅空间示意图和移动路线示意图会更便利。

手绘

如果不需要绘制详细的示意图，也可以用简单的手绘代替CAD，在短时间内画出示意图。

做预算

制订方案后，就可以算出装饰场地、各种材料和人工成本等费用。用最少的费用、最短的时间做出最好的设计，是设计婚礼空间时的核心思想。

通过市场调查，购买装饰材料

婚礼策划师平时只要一有时间，就要收集婚礼空间装饰的潮流动向、商品购买场所、各种商品的差别等信息。实际装饰婚礼空间时，既可以找空间装饰专家做外包，也可以亲自去采购装饰材料。

策划互动环节

婚礼策划师可以在与新人商议后，策划出符合婚礼主题的各种互动环节，例如演奏音乐、互换小礼物等。通过这些多样的互动行式，互相不熟悉的宾客可以放松心情，愉快地参与到互动环节中，在祝贺新人的同时，自己也能收获更多的乐趣和友谊。

婚礼当天的工作事项

婚礼仪式前进行彩排

在正式的仪式开始之前，婚礼策划师应与双方父母、新郎新娘、祝歌演唱者一起进行一次彩排。彩排主要是为了婚礼上不出现失误。

彩排时，需要根据剧本，将各个流程完整地过一次，新娘要确认与父亲一起走红毯、上台的流程和上台后的流程，新郎也要通过彩排，记住什么时候迎接新娘、入场时怎么和宾客们打招呼、上台后的流程等。婚礼策划师要提前询问表演者需要用到的设备有哪些，一定要确认这些设备是否能正常使用。此外，还要确认灯光、新人视频、各环节的背景音乐等是否准备完毕。结束彩排之后要找出问题点以及需要变更和改善的事项。

如果婚礼当天，新人的要求或一些突发状况导致婚礼流程变更，要在最短的时间内将情况传达给所有工作人员，所以婚礼策划师要时刻待命，并且一定要携带对讲机，确保可以随时与其他工作人员联系。

婚礼仪式的彩排一般在婚礼开始前 30 分钟进行，所以一定要在彩排之前就准备好一切，以免来不及更正。

提供贴身服务

贴身服务是指婚礼策划师跟在新郎新娘或双方父母等婚礼的主要参与者身旁为他们服务。在婚礼仪式服务中，可以让顾客的期待和婚礼策划师实际提供的服务相吻合，最大程度上满足顾客的服务项目之一就是贴身服务了。对大部分人来说，婚礼仪式一生只有一次，但是对婚礼策划师来说，每一对新人身边都有潜在的顾客。婚礼策划师提供的服务越好，新人的满意度越高，就越有可能吸引潜在顾客，增加收益。所以婚礼策划师一定要细心地为顾客提供贴身服务。

新郎新娘

婚礼当天，新娘会特别紧张，所以婚礼策划师从化妆开始就要陪伴在新娘身边。特别是举行户外婚礼的时候，要时刻准备应对突发状况，这时贴身服务就更加重要了。一般新郎新娘会在举行婚礼之前的2～3小时到达婚礼大厅，在仪式开始前拍摄纪念照。这时，婚礼策划师需要和婚纱助手一起协助拍摄。

双方父母

在子女举行婚礼当天，有过子女嫁娶经验的父母会轻松一些，而第一次经历子女婚礼的父母在面对很多宾客前来道喜、上台时容易紧张。这时婚礼策划师要通过贴身服务，让双方父母放松心情。

双方父母或新人指定的特殊来宾

一般特殊来宾主要是证婚人或者新人公司的领导。对他们也可以提供贴身服务，但切记不要让对方感到不自在。在为特殊来宾服务的时候，也要照顾到新人的父母，不要让双方父母有不满情绪。

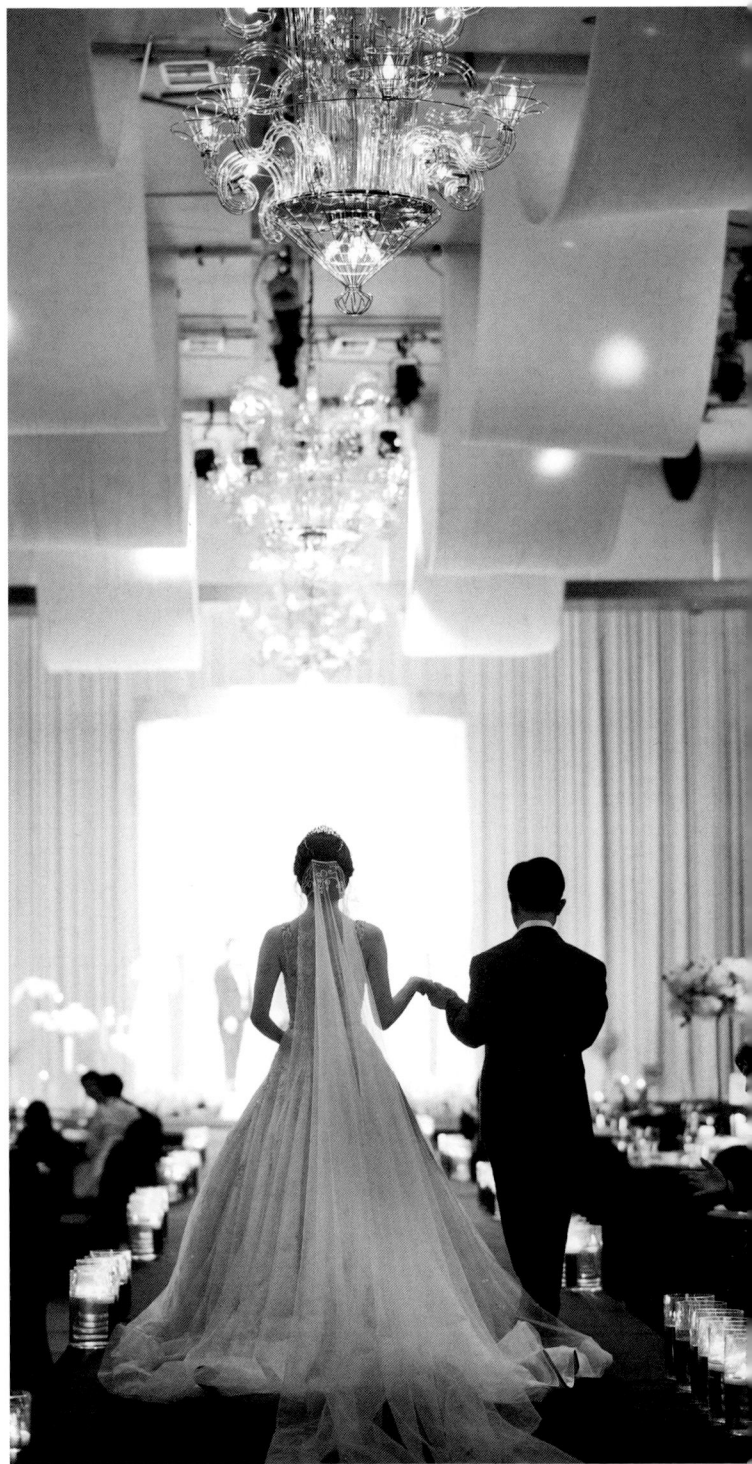

正式举行婚礼时待命

在婚礼进行的过程中，婚礼策划师要时刻待命，以防因出现突发状况而措手不及。婚礼策划师也可以根据经验，针对常发生的意外准备预案，做到有备无患。

组织拍照留念环节

若同一婚宴厅一天有两场以上的婚礼，很可能出现因第一场婚礼结束后拍照留念的时间没有规划好而影响下一场婚礼的情况，所以一定要和宾客约好拍照的顺序，使这一环节可以快速有序地进行。家人和朋友人数较多时，需要分批来拍合照。可以请婚礼司仪协助，由婚礼司仪宣读拍照的顺序。

婚礼策划师可以这样向宾客告知拍照的顺序：

"现在有请新郎新娘的全体家人上台合影留念。各位可以将非贵重物品放在椅子上。家人合影后，其他宾客按照朋友、同事、同学的顺序依次上台合影留念，感谢各位的合作。"

"下面有请新郎新娘的朋友／同事／同学上台合影留念。各位可以将非贵重物品放在椅子上，感谢配合。"

拍完照后，如果是婚礼仪式和喜宴分开的婚礼，可以请宾客到宴会厅用餐。如果是婚礼仪式和喜宴在一处的婚礼，可以请宾客慢慢享用餐食。

协助新人给宾客敬酒

婚礼仪式结束后，新娘需要换上礼服，跟新郎一起一桌一桌地向宾客敬酒。婚礼策划师要请司仪来控制好每一桌的敬酒时间。有时，新人也可能穿着婚纱敬酒，这时要格外小心，不要弄脏婚纱。虽然在专业的婚宴厅，会有相关的负责人来负责这些工作，但婚礼策划师也要时刻保持待命状态，准备好随时应对突发状况。

如何应对婚礼当天的突发事件

对婚礼策划师和新人来说，最理想的情况当然是在进行仪式的过程中没有发生突发事件，但实际上，在举行仪式的过程中常常会发生令人意想不到的事件。新手婚礼策划师若因经验不足而慌慌张张、不知所措的话，新人会更加不安。因此，婚礼策划师需要提前设想婚礼当天可能发生的突发事件并想好对策，以便在事件发生时迅速对其严重性做出判断，并在情况变得更加严重前提出解决方案并解决问题。由于新娘和新郎可能会因突发事件而不安，进而造成更严重的影响，因此，不可轻率地将问题直接告知他们。

预测突发事件

为了以防万一，可按婚礼当天的各个环节预测可能发生的突发事件并制订应对预案。

仪式开始前可能发生的突发事件

① 新人、新人的父母或某环节的负责人迟到

若婚礼的主人公——新人或新人的父母迟到，需要由主持人向各位来宾表示歉意并通知宾客仪式将稍稍推迟。若证婚人迟到，需要尽快在来宾中寻找可以替代其作用的长辈以便婚礼顺利进行。

② 捧花、鲜花装饰等商品出现问题

一般来说，捧花会送往新娘做造型的地方，但若造型室距离仪式进行地点较远，则将直接送往仪式进行地点。若出现未能按时送达的情况，婚礼策划师需联系附近的花店制作捧花，因此婚礼策划师需要提前考察仪式进行地点周边的商铺，以备不虞。

大部分专业的婚礼堂都配有专业花艺师，因此可直接请花艺师来装饰婚礼堂。在这种

情况下，当婚礼空间的鲜花装饰出现问题时，要及时请花艺师使用婚礼堂备份的鲜花来补救。在使用对周围环境比较敏感的鲜花时，一定要注意水温及周围环境的温度。

③ 新娘对妆容、发型不满

当新娘离开做造型的地方后，即使对妆容或发型不满，也很难进行补救，因此在出发前往仪式进行地点前，需要与新娘确认是否对造型有任何的不满，在确认没有问题或将问题解决后，才能前往婚礼堂。

仪式进行时可能发生的突发事件

对婚礼策划师来说，大部分的问题都应在彩排时或仪式进行前解决，但在婚礼进行过程中还可能发生下列事件，婚礼策划师需要提前准备好应对方案。

① 婚纱损坏

婚纱损坏大多是因新娘不小心踩到婚纱导致的，偶尔也会有路引旁的蜡烛点燃婚纱的情况发生。出现婚纱损坏的情况时，当务之急是要保证仪式继续进行，因此婚礼策划师需要保持镇定，及时有效地解决问题。

除此之外，若婚纱损坏，还会存在赔偿问题。若问题是因仪式进行地点工作人员的疏忽导致的，会由他们赔偿新娘和婚纱店的损失；若问题是因婚纱助手的疏忽导致的，婚纱店将进行赔偿。但无论是何种状况，婚礼策划师都将陷入进退两难的境地，因此在仪式进行时需要时刻保持警惕，尽可能避免这种情况发生。

② 音响、视频播放器等设备突然发生故障

在仪式进行过程中，会有表演祝歌、播放新人视频等环节，因此要防止相关设备发生故障。最好的方法当然是事前确认，但在正式进行仪式时，还是可能出现彩排时没有发生的突发状况，比如音响、视频播放设备突然无法出声等，这就需要专业的维修师全程在场，以备不时之需。在维修师修理设备的过程中，主持人需要随机应变，巧妙圆场。若没能解决设备问题，则设备公司需要对新人进行赔偿。

③ 用餐时的突发状况

在仪式结束后宾客用餐时，可能会发生服务员将热菜汤汁弄洒，导致宾客烫伤的情况，也可能发生客人弄洒汤汁、损坏餐具的情况。无论是哪种情况，婚礼策划师都需要迅速反应，细心负责地处理，直到宾客离开。

婚庆服务保障制度

在韩国，为了应对服务过程中发生的意外事件，婚礼咨询公司不仅会向保险公司投保，而且会遵守婚庆服务保障制度的规定。其中，对仪式进行过程中发生的突发情况给予补偿的例子如下：

表6-4　婚庆服务保障制度实例

商品种类	实例	补偿规定
仪式照片及视频	照片原件损坏导致无法制作影集	（1）全部损坏：全价赔偿 （2）部分损坏：逐项赔偿，按照损坏程度赔付
婚纱	尺寸不合适	实施应急服务，应急服务无效时进行赔偿
	没有按时送到指定地点	将婚纱助手费用全额退还
	运输过程中婚纱出现损坏	用其他婚纱代替并赔偿费用
祝歌和表演	演奏者迟到或缺席	赔偿演奏费用
新娘妆发	化妆师迟到	及时联系，赔偿部分费用

资料来源：韩国婚礼策划师协会婚庆服务保障制度规定

突发事件的事后管理

在婚礼结束后，应及时分析和总结各个突发事件，通过将突发事件的情况纳入数据库来提高婚庆服务的质量。为此，婚礼策划师应做如下工作：

分析突发事件

准确分析突发事件的起因、影响程度以及持续时间，并分析突发状况对仪式产生了哪些影响。

制订应对策略

婚礼策划师需要针对突发事件制订多种解决方案，并从中选择最有效的方案来解决问题。还需要对各种突发事件进行分类，将其分为需尽快解决的问题和需有效解决的问题（即使会花费一些时间），以便同类问题再发生时可以从容应对。

温馨小贴士

　　1. 制作婚礼企划案是婚礼策划师最基本的工作，婚礼策划师需要有能力根据婚礼风格制作相应的婚礼企划案。

　　2. 为了能根据顾客需求布置出多种风格的婚礼空间，婚礼策划师需提前制作多种多样的方案。

　　3. 婚礼策划师需记牢婚礼当天各项流程的顺序，记录顾客的特殊要求并确保万无一失。

Chapter

07

婚礼策划的
创业与经营

就业和创业

收集并分析信息

  不管是已经有了其他工作的经验后想要从事婚礼策划行业，还是学习了相关专业后刚毕业，都会面临是创业还是就业的问题。无论选择就业还是创业，都应该先搜集资料，了解行业和市场发展情况。在不了解市场的情况下匆忙决定，往往会后悔不已。

市场调查的目的

  ① 通过调查婚庆产业发展现状，寻找婚庆市场中的缝隙市场。

  ② 分析婚庆市场需求和顾客的需求，掌握婚庆产业发展动向。

  ③ 掌握婚庆市场的竞争程度。

  ④ 积累相关的基础资料，为未来从事相关行业做准备。

如何分析国内外的婚庆市场

  ① 将婚庆作为关键词进行检索，搜索婚庆行业的基本资料。要有能力根据婚庆行业发展

动态，撰写调查报告。有时，网络上的信息存在专业术语运用不规范的情况，所以搜索时也要搜索近义词条，才能收集到全面的资料。要注意判断从网上搜索到的资料是否可信。

②搜索并整理各个年龄段人群的结婚率、离婚率，以及各地区人群的婚姻状况等数据。

③通过网络，了解婚庆行业内现有企业的动态。通过浏览婚庆行业龙头企业的主页、微信公众号、微博以及网络报道和评价，分析这些企业的优势和劣势。

④通过查看其他婚礼策划师的主页、微博、微信公众号等，间接了解各种信息。

⑤婚庆行业和很多行业都有关联，所以只调查婚庆行业的发展态势是不够的，还要对相关行业乃至适婚群体婚恋观、社会经济发展情况等有一个全面的认识和了解。

表 7-1　婚礼策划行业 SWOT 分析

优势（strengths）	劣势（weaknesses）
·目前，随着经济的发展和居民生活水平的提高，公众对婚礼的要求也越来越高，婚礼策划师可以在新人准备婚礼时为其提供专业便捷的服务，所以婚礼策划师的市场需求量增大 ·在中国，公众对婚礼策划师的认知度有所提高 ·从业人员可以通过微信、微博宣传自己，还可以通过网络进行顾客管理 ·专业婚宴厅的登场，扩大了婚礼策划师的活动领域 ·从业者没有年龄限制，且工作时间自由	·婚礼一定要在指定的某一天的某个时段举行，一个人一天无法兼顾多场婚礼 ·大多数从业人员对顾客需求的分析不足 ·到目前为止，既可以满足消费者需求又具有特色的婚礼商品和专业能力强、服务质量高的专业人士数量不足
机会（opportunities）	危机（threats）
·婚庆市场规模扩大 ·顾客的需求变得多样，越来越多的顾客希望自己的婚礼有新意 ·很多婚礼策划师专业性有限，婚庆行业内专业人士数量不足 ·网络技术的发展使婚礼策划师更加容易接近顾客 ·职业前景广阔，附加价值高	·坚持单身主义的人数增加 ·该市场重复购买率低 ·以摄影为中心的承包企业数量多，婚庆行业竞争压力大 ·提供一站式服务的婚宴厅增加，与其他公司合作的必要性增加

表 7-2　市场调查报告示例（1）

婚礼策划企业调查报告			
日期		调查人	
调查方式			
调查内容	企业 A	企业 B	企业 C
核心商品			
主推商品			
辅助商品			
打包服务商品			
合作企业			
广告形式			
宣传方式			
市场营销策略			
婚礼策划师服务质量			
主页			

资料来源：https://www.ncs.go.kr/unity/th03/ncsResultSearch.do

表 7-3　市场调查报告示例（2）

婚礼商品企业调查报告			
企业名称		调查人	
主页		地址	

婚礼商品企业调查报告	
商品构成	
特征	
店铺形象	
消费者评价	
婚礼策划师评价	

资料来源：https://www.ncs.go.kr/unity/th03/ncsResultSearch.do

表 7-4　市场调查报告示例（3）

婚庆潮流调查报告		
婚纱	轮廓	
	领口	
	腰线	
	袖子	
	颜色	
	材质	
妆容		
发型		
男装礼服		

资料来源：https://www.ncs.go.kr/unity/th03/ncsResultSearch.do

就业

比起一开始就自己创业，笔者更推荐婚礼策划师先去一家靠谱的公司上班，慢慢积累经验。如果准备就业，要先考虑好想去什么样的公司上班，并提前了解该公司的招聘标准。大企业的招聘标准和企业信息可以在其网站上找到，但想了解小规模企业的信息会有些困难。在这种情况下，面试时一定要充分了解之后再决定是否到该公司上班。还要注意了解公司的福利待遇，包括社会保险及保底工资、年薪、月薪、每日劳动时长及休息时间等。

如果觉得一开始就去婚礼策划公司上班太具挑战性，或者因为年龄小，想先做一些别的工作，可以先选择与婚礼策划相关的其他工作，例如去婚纱店、影楼、花店、宴会厅等地方工作，积累经验，这也是不错的选择。

创业

制订创业计划

如果想自己创业，一定要做好充分的准备。制订创业计划是其中必不可少的一个环节。

通过制订创业计划，创业者可以预想创业之后公司发展的方向，做到心中有数。创业计划做得好的话，还可以用于创业资金的融资和吸引投资。

在制订创业计划之前，要反复考察这个行业的前景和自身的条件，考虑妥当后，再制订具体的计划。将构思详细、具体地写出来，制订出详尽、可行性高的创业计划，可以将失败的风险降到最低。在制订创业计划时，要考虑客观性、妥当性、稀有性、可读性、市场指向性等，使创业计划更有价值（Park Pyeongho，2016）。

① 客观性：创业计划要依据客观情况来制订，避免过于主观。要在计划书中加入定量资料，有条理地分析，让创业计划看起来一目了然。

② 妥当性：创业计划中的内容（如运营内容、运营方式、运营计划等）要有逻辑性和实用性，这样的计划才有可行性。

③ 稀有性：构想要独特。如果市面上已经有了同类的公司，就应该想出不同的方案，这样的公司才有市场竞争力。

④ 可读性：创业计划应该言简意赅，以便读者能快速理解。

⑤ 市场指向性：要确定想从事的事业是有市场前景的。

表 7-5　创业计划内容

封面	· 企业名称 · 制订日期 · 制订人姓名
目录	
市场调研	· 创业的目的和动机 · 创业背景和经营理念 · 社会环境 · 市场环境 · 事业前景和自己的目标
相关经验	可以描述自己以前的学习和工作经验能给从事这项事业带来怎样的帮助
经营范围及合作企业	
目标顾客	根据企业的经营范围和风格，锁定目标顾客群体
差异性	分析与竞争企业相比，自己的企业有什么独特的优势
宣传方式	具体地描述宣传和营销方式，例如：为了为新娘提供她们喜欢的婚礼风格，进行一对一的咨询服务，为此要雇用专业的婚礼策划师；在开业前可以在咖啡厅或酒吧等场所进行宣传；开展季节性婚礼潮流发表会；找大企业的工会或大学社团签约合作，这样不仅可以提供婚宴服务，还可以承办员工小孩的周岁宴等
人力资源计划	根据公司需求，制订关于人力资源及组织架构的方案
销售计划	商品定价、成本、销售预期、保本销售额、纯利润等
资金调拨	制订创业资金及运营资金的调拨方法
附录	添加参考资料

分析竞争企业

创业前，需要详细分析竞争企业的优势与劣势，并将资料整理成文件。

进行市场调查时，可以选择 3～4 家竞争企业，分析该企业进入市场后成功或失败的地方以及原因。还要分析该企业的特点，包括经营范围、打包服务的构成、商品价格、合作企业、营销方式、人力资源管理方式、顾客服务的长处和短处，调查其主推的商品及经营战略等，将这些与自己想要创建的公司进行对比，分析各自的优势和劣势。还可以浏览竞争企业的主页，搜索与其相关的网络报道、评价等信息，并整理出来。

分析完基本资料后，可以对比自己和竞争企业所处的环境有什么不同，做出市场定位图。通过定位，可以一眼看出自己的企业在婚庆市场中的位置，也可以找到提升商品和服务质量的方向。

最后，把搜索的所有材料整理成文档，得出结论，在公司内部共享该文档。

确立市场定位

为了在消费者的心目中留下好印象，公司（或品牌方）需要建立自己的形象，让顾客可以清晰感受到公司（或品牌）的核心价值。建立了自己的形象后，就可以与竞争企业做对比，明确公司（或品牌）的市场定位。

创业者不仅要找到自己的市场定位，刚开始计划创业时，还要了解自己想要从事的行业中的标杆企业，先分析标杆企业的公司形象、商品构成、顾客流入途径、公司位置、职员构成等，再与自己的公司进行对比，确认自己的经营模式和发展方向，然后在坐标上标注出来。

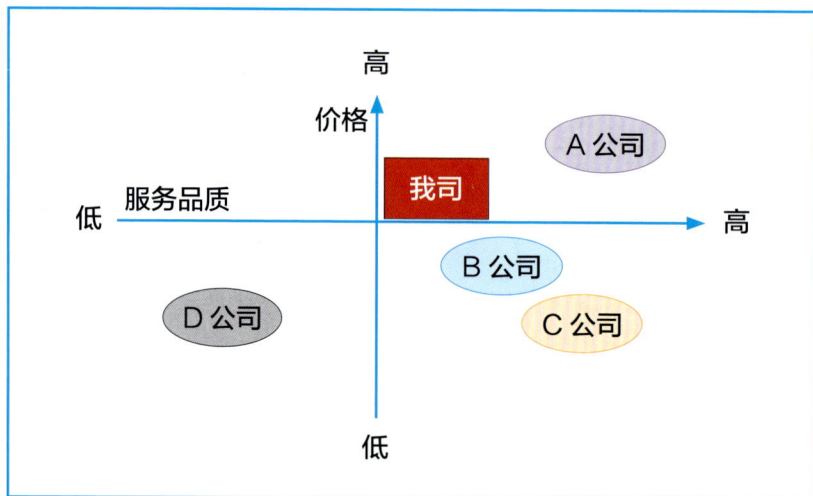

想好公司名称

给公司起名和给人起名一样，是一件非常重要的事。好的名称可以使顾客产生好感，还可以让人联想到公司的形象。起名时要考虑以下几点：

·这个名称好读吗？

·这个名称好记吗？

·这个名称能让人联想到公司的形象吗？

·可以注册商标吗？

拟定几个名称之后，可以上网搜索是否有别的企业在用这个名称，还要去查该名称是否已经被注册了商标，如果没被注册，可以考虑注册。

决定何时注册公司

有了明确的规划和公司名称之后，可以考虑何时注册公司，以及注册商标时，是以个人名义注册还是以公司名义注册。

寻找办公地点

从事婚礼策划行业的公司，应该将办公点设在交通方便、婚礼商品公司聚集的地方，这样对于顾客来说比较方便，并且在咨询过后顾客也可以就近在周边访问其他商家。

如果没有办公室，可以用自己的居住场所登记，不雇用职员，自己一个人承包所有业务，这样也可以减少支出。有很多所谓的婚礼咨询公司，其实就是几个婚礼策划师共用一间办公室，自己做自己的业务，共享一个品牌，共同承担公司运营产生的管理费用。也有很多小公司会一起选择一间大房间做办公点，里面分成几个小房间或划分成几块区域作为各自的办公室，这样也可以形成一种互惠互利的合作关系。

开发新顾客

　　无论是就业还是创业，不断地开发顾客才是事业持续发展的决定性因素，所以选择什么样的目标顾客、如何决定选择哪一类顾客群体、如何宣传、如何维护顾客等问题，都需要提前考虑周全并制订完整的计划。另外，还需要对目标顾客进行细分，并以信赖为基础，构筑顾客管理体系。

顾客的划分

　　对婚礼策划师来说，顾客是前来购买婚庆服务的人，是自己的服务对象。顾客既可以是自己现在服务的人，也可以是将来需要服务的人。婚礼策划师可以将顾客分为以下四类，这四类顾客都能给婚礼策划师带来收益：

　　① 忠诚顾客：签约后，对婚礼策划师的服务感到满意的话，顾客可能会将婚礼策划师积极地推荐给周围的人，这样的顾客就是忠诚顾客。

　　② 新规顾客：新规顾客是不断地与婚礼咨询公司或婚礼策划师进行电话沟通，然后通过面谈，与婚礼咨询公司或婚礼策划师签约的顾客。

　　③ 预期顾客：预期顾客是对婚礼感兴趣，并持续就婚礼策划师的服务提问的顾客，这类顾客也很有可能签约。

　　④ 潜在顾客：今后会举办婚礼的顾客。

　　婚礼策划师要好好挖掘、维护潜在顾客和预期顾客，让这两类顾客成为新规顾客。再通过管理和服务，让他们成为忠诚顾客。为了完成潜在顾客→预期顾客→新规顾客→忠诚顾客的转变，婚礼策划师需要收集并分析营销案例，不断完善自己的方案，提升服务质量。针对不同的顾客制订不同的营销方案有助于提高转换效率。

选定目标顾客

婚礼策划师需要根据公司或品牌的定位，选定目标顾客，并收集顾客的信息。选定目标顾客时，可先根据不同的分类依据将顾客分类，再从中选定，而且要维护好与顾客的关系，使顾客信赖自己。

收集顾客信息、开发顾客的方法

① 利用人脉开发顾客。通过周围人介绍认识的顾客，信息的可信度高，而且顾客对婚礼策划师的信赖度也高，签约的概率很大。

② 通过公司网站开发顾客。通过网络来咨询的顾客，大部分只是先来了解一下婚礼商品的信息。婚礼策划师要通过提供专业的信息和亲切的服务，将这类预期顾客转化为新规顾客。

③ 通过个人社交网络（微博、微信）开发顾客。有些顾客会因为阅读了婚礼策划师上传的内容，对其产生兴趣，然后前来咨询。婚礼策划师可以通过邮件或电话回复，多多与顾客交流，收集信息。与这类顾客沟通的方式主要是顾客提问，婚礼策划师回答，所以婚礼策划师可以了解顾客对什么感兴趣。

④ 通过婚礼博览会开发顾客。自由婚礼策划师或者只有2～3名员工的小型婚礼企业，很难自行举办大型的婚礼博览会，这就需要得到大企业或者合作企业的帮助，才能举办博览会。通过举办婚礼博览会，可以收集申请参加博览会的顾客和当天前来参观的顾客的信息，从而开发顾客。这类顾客大部分属于消费比较积极的类型，所以比较容易签约。

表 7-6　顾客数据整理表

顾客来源	日期	姓名	联系电话	邮箱	是否接收邮件	是否接收网络信息推送	婚礼日期
个人微博							
公司网站							
周围人介绍							
婚礼博览会							
其他来源							
备注							

顾客管理

　　管理顾客的目的是让顾客被婚礼策划师提供的服务打动，愿意将婚礼策划师推荐给自己周围的人，从而达到开发新客户的目的。要举行婚礼的顾客和婚礼策划师会一起经历短则 3 个月、长则 1 年的准备过程。在这段时间里，顾客与婚礼策划师会增进对彼此的了解和信任，也会分享准备婚礼过程中的喜悦。如果顾客对服务表示满意，就很可能将婚礼策划师推荐给自己的朋友。若是婚礼策划师没能从本人负责的顾客这里开发出新的顾客，就要反思问题出在哪里。

　　婚礼策划师要将潜在顾客、预期顾客、新规顾客、忠诚顾客的基本信息（年龄、职业、教育水平、薪资水平、居住地等）罗列出来，并且整理出顾客喜欢的婚礼形式、仪式场地，以及对婚礼的整体构思、预算、特殊需求等。与顾客一直保持联系，也是提高公司收益的一种战略性的管理方法。

确定咨询顾客

　　确定咨询顾客指的是婚礼策划师应在潜在顾客中试着找出有可能转变为预期顾客的人。在确认该顾客可转换为预期顾客后应积极接触顾客，尽量促成线下咨询进而签下合约。

　　与预期顾客沟通时，要注意以下几点：

① 要妥善保管并管理预期顾客名单。因为预期顾客还不是正式的顾客，所以要小心不要泄露预期顾客的信息。

② 提前准备好与预期顾客沟通的脚本。把顾客的姓名、电话号码、邮箱等写在卡片上。提前询问介绍顾客的中间人是否可以透露他的姓名。可以提前思考预期顾客的类型，找到突破点，确认沟通时适合运用什么话术。

③ 预先准备好合同，以备签约。

表 7-7　预期顾客信息表

预期顾客姓名		联系方式	
介绍途径		介绍人的姓名、联系方式	
注意事项			
话术			

加强售后管理，延续服务

婚礼结束后，婚礼策划师要周期性地对顾客表示关心，维护好关系。可以用电话或邮件对顾客选择自己和配合自己的工作表示感谢，也可以给顾客发送公司最新的宣传手册等。在顾客的结婚纪念日、生日等有意义的日子里可以发信息表达祝福，还可以在换季时给顾客发送相应的生活贴士。如果顾客数量慢慢多起来，可以认真整理数据，将数据分类，创建顾客信息管理系统。

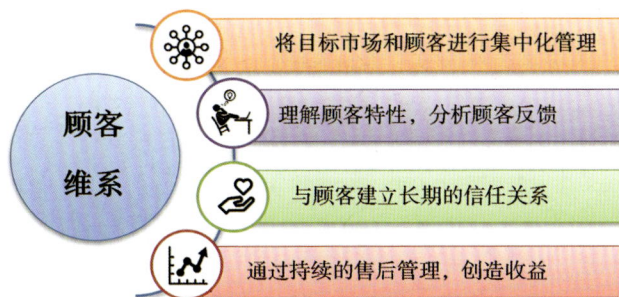

顾客维系
- 将目标市场和顾客进行集中化管理
- 理解顾客特性，分析顾客反馈
- 与顾客建立长期的信任关系
- 通过持续的售后管理，创造收益

宣传

这里说的宣传指的是企业或者个人通过各种社交活动，将商品的信息、自己的想法或计划、活动信息、业绩等广而告之的行为。在婚礼策划这一行业中，宣传指的是将婚礼商品和婚庆服务的信息广泛传播。宣传的可信度比广告更高。

如今，社交网络平台、网络社区等渠道是个人进行宣传的非常好的平台。在网络社区中招揽会员，可以形成社交网，通过会员之间的相互推荐，即使是价格较高的商品也可以轻松出售。而社交网络和一些 APP（应用程序）都有发布信息、获取反馈的功能，婚礼策划师可以利用这些工具维护老客户，开发新客户。根据自己的目标客户群的特性选择相应的渠道，应用不同的宣传方式，会取得不同的效果。所以婚礼策划师既要了解线上宣传市场，也要随着市场的变化适当改变宣传策略。

网络宣传的优点

传统的线下宣传的方式受到时间和空间的限制，宣传费用也比较高，不适用于婚庆行业。而且婚庆行业的主要顾客是 20 ~ 35 岁的年轻人，年轻人工作忙，没时间注意线下的宣传，所以线下宣传的效果往往很一般，性价比低。

如今，网络宣传是婚庆行业中使用得最多的宣传手段，它不受时间和空间的限制，婚礼策划师可以随时在网络上更新信息，公布最新的商品和服务的信息，还可以利用图片和视频的形式，强化宣传效果，扩大宣传的影响力。通过网络，婚礼策划师可以跟顾客实现双向的交流，这样可以在短时间内了解顾客的需求并获得反馈。通过网络，婚礼策划师还可以随时处理顾客的不满，从而提升顾客满意度。充分利用网络进行宣传也是开发新顾客的有效方式。

制订网络宣传计划

制订网络宣传计划时需做以下工作：① 制订宣传运营的整体战略，这样宣传才不会半途而废；② 设定宣传目标，明确设定宣传想要达到的效果；③ 根据宣传渠道的特点，制订不同的实施方案，还要分析各个媒体的特性，选择符合自己公司需要的媒体；④ 根据不同宣传媒体的运营方案决定宣传内容，然后制订日程；⑤根据公司的规模，制订合理的预算。

策划婚礼博览会

开婚礼博览会的根本目的是为各个婚庆公司打造一个一起做市场营销的场合，收集预期顾客信息并与顾客签约，各个公司还可以借此机会交换潜在客户的信息，所以婚礼博览会可以看作用相对低廉的费用获取有效信息的场合。婚礼咨询公司、影楼、婚纱店、礼服店、美妆店、旅行社、传统服饰店、礼品店、花店、请帖制作商家、家电和家具品牌、婚宴厅、饭店等与婚庆行业相关的各个行业的公司都可以参加婚礼博览会。此外，在婚礼博览会上，消费者可以自由地选择适合自己的公司充分了解信息，这对消费者的婚前筹备工作会有一定的帮助。

表7-8 婚礼博览会的构成

项目	内容	备注
参与企业	中小企业	中小企业利用博览会宣传商品和服务，为了增加活动的可信度和档次，家具家电行业最好有一些大品牌进驻
活动对象	消费者	新人和准新人、新人父母、新人亲友等
咨询形式	面对面	企业宣传商品和服务，顾客进行咨询
移动路线	自由移动或有指定的路线	尽可能诱导顾客浏览所有商品
展位形式	独立展位	根据行业划分区域，设置展位
活动策划	体验型活动、促销活动等	安排婚纱走秀并设置多种优惠活动
宣传方式	线上、线下	提前在相关网站宣传、在场地内设置宣传展架等

表 7-9　婚礼博览会策划案的内容

项目	内容
开展目的	·推广婚礼文化，提供婚礼商品信息 ·倡导健康的婚姻生活，有教育意义 ·参与者可以通过模拟婚礼，体验婚礼仪式 ·参与企业可以宣传及出售商品 ·主管企业可以宣传活动及建立客户数据库
活动概要	·活动名称：×× 婚礼博览会 ·活动场地：×× 大酒店多功能厅 ·展示商品：婚纱照、婚纱、彩妆、传统服饰、结婚礼物、床上用品、捧花等 ·活动时间：×× 年 ×× 月 ×× 日至 ×× 月 ×× 日 ·预估人员：×× 名
活动内容	·开幕 ·婚庆企业博览 ·婚庆行业发展现状和趋势研讨会 ·婚礼相关商品的展示及销售 ·开展活动及赠送赠品 ·设置婚礼体验区：消费者可以体验现下流行的新娘妆、婚纱、礼服 ·婚纱走秀、男性礼服和传统服饰展示 ·闭幕
运营方案	通过预约登记和现场签名台收集顾客信息，提高运营效率，还可以将参会企业的信息和客户信息输入到电脑中进行管理
参与方式	顾客可通过邮件、专用网站等渠道申请门票，也可现场购票；参与企业可通过主动申请和主办方邀请的方式参与博览会

婚礼博览会展位

博览会上设置的各种展位都各有优缺点。从展位的规模上来说，虽然大展位比小展位好，但是会议组织者要考虑到性价比，减少浪费，为参与企业安排合适的展位，提高博览会的投资收益率。

一般来说，展位有如下几种类型：

①通道型（inline）展位：也称"单开口"展台，它夹在一排展位中间，观众只能从其面前的过道进入展台。

② 转角型 (corner) 展位：这类展位位于转角，有两侧邻过道。

③ 半岛型 (peninsula) 展位：观众可以从三个侧面进入这种类型的展台。

④ 岛屿型 (island) 展位：在规模较大的博览会中，岛屿型展位是最常见的类型，这种类型的展台四面都有通道，是独立的展位形态。

展位按照客流量大小的顺序排序是：岛屿型 > 半岛型 > 转角型 > 通道型。

会议组织者一般在博览会开始前两周，确定申请参展的公司的展位，并告诉各参展公司布展标准，组织者一般会在展位安排工作人员，为该公司的员工服务。工作人员还会向参加博览会的企业告知活动的详细信息。

有效的宣传方法

组织者可以灵活运用微博、微信公众号、朋友圈等进行宣传，也可以通过网络社区对博览会进行宣传，还可以策划一系列线上和线下活动，起到宣传、增加活动热度等作用。

·参与型活动：给申请参加博览会的顾客和来访的顾客赠送赠品或组织答题环节，让顾客亲自参与到活动当中。通过互动，可以形成社交网络，开发忠诚顾客。

·打折活动：为了增强宣传力度，促进参展公司主打商品的销售，组织者可以设置打折活动，这样可以达到确保顾客不流失、维护顾客、答谢顾客的目的。

·合作活动：组织者可以联合所有参展公司举办活动，动员大家都参与进来，这样可以让参加博览会的公司实现数据共享和售卖渠道共享等，提升宣传效果。

开发婚礼商品

　　婚礼策划师平时需要收集婚礼商品和婚礼场所的材料并进行整理，才能满足顾客的各种需求，为顾客打造理想的婚礼。收集材料时，可将婚礼商品进行分类，区别各种商品的特征，然后从画册、杂志和网络上收集商品图片等资料，并根据风格分类。注意观察各种风格的差异和各种商品的优缺点，这样有助于提升眼光和品位。还可以通过现场访问，了解商品的特性。

表 7-10　影楼和婚纱店的特征比较案例

	企业	企业和产品风格	实地访问评价
影楼	A 公司	整体风格很时尚，使以白色为主的婚纱看起来更加优雅	空间不大，但采光好，干净整洁，布置得很好，使新人可以愉快地拍摄照片
	B 公司	突出复古风格的背景，表现出不做作的优雅感	家具、道具等都是古典风格的，复古风格的背景可以让新娘看起来更加妩媚、优雅
婚纱店	C 公司	婚纱和店铺的风格很搭，都是优雅古典风，设计师的匠人精神值得佩服	婚纱店很大，装修风格偏古典华丽风，职员的服务态度很好
	D 公司	最近有很多新人想举行家庭婚礼，也有很多复古风发烧友，该公司主要针对这些群体，主打怀旧风格的简约风婚纱	小店装潢简单、摩登，婚纱都是由老板亲自设计并制作的，老板还可以提供定制服务
	E 公司	主打适合亚洲人体形的婚纱，偏向优雅风	电梯两边的店铺同属一家，老板以前也做过婚礼策划师，可以很快明白婚礼策划师的想法和意图

表 7-11　婚庆公司现场访问报告案例

婚庆公司现场访问报告			
公司名称	×× 婚纱店	访问日期	×× 年 ×× 月 ×× 日
位置	首尔市江南区清潭洞		
周边婚庆公司	×× 婚宴厅，×× 影楼，×× 美妆店，×× 家具店		
公司信息	主页	××	
	特征	这家婚纱店主打镶嵌了很多珠子的优雅型婚纱，但简单的怀旧风婚纱也很有人气；婚纱店还提供做发型的服务；考虑到新郎的需求，还专门设有一间男士礼服室	
	设施	以二楼的电梯为中心，店面分为左右两间，分别有两间婚纱室（共有四间婚纱室），前台在右手边	
	停车	大厦后侧有停车场	
	访问感受	服务很周到，职员对待顾客像对待亲人一样亲切，职员间的关系也很融洽，整体氛围很温暖	

◇ 温馨小贴士 ◇

1. 不管是决定创业还是就业，婚礼策划师都要分析市场发展动向和竞争公司，了解婚庆市场的发展趋势。

2. 婚礼策划师要先综合分析就业和创业的优势与劣势，再选择是就业还是以自由婚礼策划师的身份活动，还可以创业，带领下属运营公司。

3. 婚礼策划师可以尝试制订一组营销方案，内容需包括如何开发新客户、如何管理顾客、如何宣传以及具体的营销策略等。

婚礼策划实例

庭院式婚礼（家庭式小型婚礼）

风格阐述

　　庭院式婚礼的风格清新自然，可以带给新人和宾客舒适、惬意的感觉。庭院式婚礼摆脱了一般婚礼的形式化，虽然是结婚典礼，但是具有明显的派对特点。庭院式婚礼多在西餐厅、田园住宅、民宿及庭院式婚礼专用场地举行，新人一般只邀请最亲近的家人和最珍惜的朋友，这使得新人可以在轻松、温情的环境中享受自己人生中最重要的时刻，宾客也会更加自在。

设计要点

颜色搭配

庭院式婚礼常选用白色、绿色和粉色的物品来装饰。这三种颜色配合露天的环境，可以使整场婚礼笼罩在恬静的氛围中。

装饰

庭院式婚礼的特色主要表现在礼台装饰与餐桌布置方面，会通过一些细节营造出一般婚礼没有的清新与浪漫的氛围。考虑到布置与搬运的便利性等问题，用花艺进行较为简洁的装饰比较合适。

整体装饰方面，可选用浅粉色的绣球花和绿叶，来增添可爱的感觉。为了打造出更浪漫的氛围，可用雪纺的布料来装饰舞台与新娘房。装饰礼台时，可选用白色和绿色的装饰品以及淡雅的鲜花，会让整场婚礼变得更自然、更浪漫。在玻璃烛台中放上蜡烛并将其摆放在红毯两侧，再配上鲜花，可营造出朦胧的氛围。布置餐桌时，可以选择白色的桌布和粉色的椅子，配上白色的绣球花作为桌花，能够营造出清新温暖的感觉，还可以订购带有新人名字缩写的桌垫。可用粉色丝带装饰宾客座椅并用粉红色灯罩与之搭配，可演绎出浪漫且梦幻的氛围，整体的视觉效果非常好。

婚纱、新娘妆发和捧花

举行庭院式婚礼时，新娘适宜选择以蕾丝装饰的既可爱又优雅的公主型婚纱。需要注意的是，举行酒店婚礼时新娘一般会选择长拖尾婚纱，而举行庭院式婚礼时应选择拖尾短一点、方便走动的婚纱。妆容方面，适宜选择粉红色系的，打造清纯、明媚的妆容。若在仪式结束后举行派对，新娘可更换服装，化一个浓一点儿的妆。捧花方面，考虑到整体氛围，适宜选用可爱的粉红色绣球花为花材。

注意事项

1. 举行庭院式婚礼时需要考虑宾客年龄层，庭院式婚礼适合青年宾客较多的婚礼。

2. 由于大多数庭院式婚礼的场地是露天的，因此，要充分考虑到天气因素（例如下雨），提前准备应对方案。另外，一般来说，庭院式婚礼场地配备的停车空间较小，因此需雇用停车员或提前做安排，以便婚礼顺利进行。

3. 庭院式婚礼中必不可少的一个元素是音乐，为了营造舒适的氛围，方便宾客聊天，需要提前准备舒缓的背景音乐。

4. 针对不是专门举行庭院式婚礼的空间，音响、视频播放器与其他设备需要从其他地方运过来并安装，因此，需要事先制订出周密的计划。近年来，很多承办婚礼的场地不仅可以提供派对饮食，还可以提供 T 台、椅子、水晶台以及布艺装饰品，这些物品很适合庭院式婚礼的氛围。但是，由于庭院式婚礼的空间不是很宽敞，因此一定要先考虑好新人及宾客的移动路线再装饰。而且，装饰时不仅要考虑到美观度，也要考虑到实用性，比如放在餐桌中心的装饰物的高度不可妨碍宾客用餐等。总体来说，庭院式婚礼支持多种装饰风格，因此婚礼策划师应准备好各种风格婚礼的详细资料。

复古风婚礼

风格阐述

　　复古风婚礼是近年来新人喜欢的婚礼风格之一，可分为奢华都市风和浪漫田野风两种类型，婚礼策划师可以根据婚礼场所的特点进行装饰，还可以根据不同时代的审美取向，确定婚礼的整体风格。也会有一些新娘一开始就提出自己喜欢的婚礼主题。因此，婚礼策划师需要充分准备不同时代的资料，以备不时之需。

设计要点

颜色搭配

　　打造奢华都市风婚礼时，可以从 20 世纪 20 年代美国流行的爵士风格中汲取灵感，多选用暗红色、金色、粉红色、乳白色等可以体现该年代的活力、奢华的颜色。打造浪漫田野风时，则可选用原木色、白色、暖黄色等能给人温馨、熟悉的感觉的颜色。

装饰

　　打造奢华都市风的仪式时，可以用蜡烛和暗灯照明，营造一种爵士酒吧的氛围。可以用能让人联想到那个年代的纱幔装饰礼台，用较矮的精致装饰品与蜡烛装饰 T 台两侧，桌饰方面，则选择鲜花和华丽的蜡烛台来装饰，打造一种奢华、贵气的感觉。

　　打造浪漫田野风的仪式时，可以用一排排暖黄色的小电灯照亮婚礼空间，使宾客走进婚礼空间时，有一种仿佛走进儿时常去的乡间小屋的感觉。舞台背景选用木格屏风，并用轻纱和鲜花进行装饰，可以体现相比外表，更重视内在的心境。可在红毯旁摆放原木材质

All You
Need is
LOVE

的标牌，为婚礼增添一抹老旧复古的气息。隐约的烛光，颇有年代感的空瓶子和淡淡的原木色都可以体现新人对于老旧事物的情怀。

婚纱、新娘妆发和捧花

对选择浪漫田野风仪式的新娘来说，可以选择简约可爱的 H 型婚纱，搭配清新自然的妆容，捧花也以白色系的为主。对选择奢华都市风的新娘来说，最好选择用轻柔面料包裹住全身的 H 字型奢华风的婚纱，搭配深邃华丽的妆容和"鲍勃头"，还可以用珠子、发带等做发饰，散发迷人的知性美；捧花则以红色系的艳丽风格为佳。

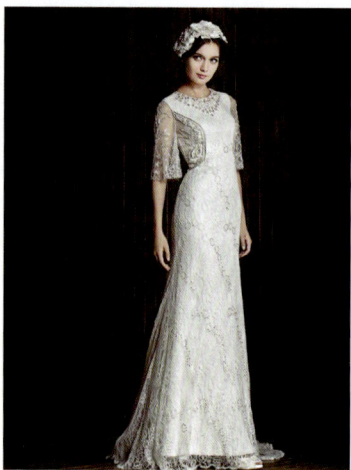

注意事项

1. 奢华都市风所需的装饰和摆件费用较高，婚礼策划师需要在最初咨询时就告知新人，以便新人选择。

2. 打造复古风婚礼时，如果装饰得不好，场景看起来可能会显得有些破旧，新人有投诉的可能，因此，婚礼策划师一定要留意这一点，多与新人沟通，可以多提供几种方案，让新人自己选择。

酒店婚礼

风格阐述

　　酒店婚礼的标签是优雅和高档，华丽大气的装饰、奢华优雅的氛围和高品质的服务是选择酒店婚礼的新人所向往的，因此婚礼策划师在策划酒店式婚礼时，要把握好这一点，为新人营造出高级、优雅的氛围。

设计要点

颜色搭配

酒店式婚礼的主色调以白色、金色和黑色为主，这三种颜色相搭配，可以营造出奢华大气的氛围。

装饰

用落地式蕾丝窗帘来装饰礼台的正面，以白色与绿色的绣球花与芍药进行点缀，并在天花板布置吊顶纱幔，可以营造出高档、豪华、大气的感觉，若使用垂吊式吊灯与深色地毯搭配，可起到锦上添花的作用，使仪式看起来奢华而又不张扬。此外，在T台与礼台两旁可用白色和绿色相间的花材进行装饰，可使宾客有一种步入森林的感觉，再布置上小蜡烛作为路引，婚礼空间会显得更加温馨、虔诚而又神圣。在为婚礼伴奏的乐队的座位后也用鲜花和落地式窗帘装饰，再搭配烛光，整个氛围会更为优雅。再加上酒店的灯光设备功能强大，可以根据流程随时调节灯光的强弱及色彩，整个婚礼空间会非常有格调和现代感。

装饰酒店婚礼空间的关键是华丽的花饰与宴会饮食摆台。花饰方面，由于酒店的空间又高又宽敞，因此需要用很多花来装饰，才不会显得很空。可以选用白色的绣球与白兰为背景，辅以橙色郁金香做点

缀，从视觉上看融合度很高，几种花材搭配起来，可以营造出一种奢华优雅又不失生动的氛围。餐桌的色调则以银色与白色为主色，并选用精致、时尚感强的餐具，配合精致的烛台与典雅的花朵营造出奢华庄重的感觉。还可以为宾客准备糕点，这样可以显示出新人的细心与体贴。

婚纱、新娘妆发和捧花

由于酒店的空间较为宽敞，因此新娘要避免选择过于单调的婚纱，可以选择带有华丽的花边的 A 字型婚纱或 H 字型婚纱，并佩戴头纱。妆发方面，最好避免化过浓的妆，宜用粉红色系打造明媚的妆容，突显新娘优雅、大气的气质。捧花方面，可以选择用粉红色芍药做成的明丽优雅的捧花。

注意事项

1.酒店婚礼所需费用较高，因此要在开始筹备前确保新人有较为充足的预算。根据酒店等级的不同，婚礼氛围及设施也明显不同，因此需请新人选择符合经济状况和个人偏好的酒店。很多五星级酒店为了提供高品质的一站式服务，自行开发了多种婚礼商品供新人选择，婚礼策划师可以充分利用这一点。

2.装饰婚宴厅时，虽然婚宴厅的背景颜色无法改变，但可以通过改变装饰品、红毯以及花艺的颜色给整体风格带来较大的变化。装饰餐桌的时候要注意，桌上的摆件不可挡住宾客观看仪式的视线。红毯两旁的鲜花装饰需高于宾客座位，这样可以让宾客觉得宛如置身于丛林当中。

3.有关音响、视频播放器等设备的事项需事先与酒店商量，了解酒店可以提供哪些设备。婚礼策划师还应了解新娘对装饰品及餐桌等布置的要求，并将要求告知酒店。对于酒店无法提供的物品，需记录下明细并及时向新娘反馈，讨论解决方案。

中式婚礼

风格阐释

  中式婚礼是在运用传统中式婚礼的元素、遵守传统礼仪的同时，在婚礼空间中融入现代元素的婚礼形式，近年来也有很多装饰成中式风格的婚礼场地出现。另外，现在也有很多新人会在婚礼的上半场举行中式仪式，下半场举行西式仪式。中式婚礼的所有步骤和元素都蕴含着特别的意义，若能在遵循传统文化的基础上，以现代的视角对传统的元素进行诠释，就会打造出一场既有传统韵味和美感，又符合现代审美需求的婚礼。

设计要点

颜色搭配

中式婚礼的主色调为红色，其摆饰、装饰与灯饰一般均选用红色的。红色象征着财富、热闹与喜庆，是中国传统文化的象征。除红色外，还会搭配金色、黑色、象牙白等颜色。

装饰

如今，大部分中式婚礼会选择在某个特定年代的风格的基础上，加入现代元素，例如在 20 世纪 20 年代老上海的风格中加入现代元素，让婚礼变得既古色古香又不失时尚感。在这种将传统与现代相结合的老上海风格婚礼中，很少用花艺装饰 T 台和礼台，即使使用，也以假花居多。一般会选择将红色的布料铺在 T 台上，用能让人联想到老上海风格的纱幔装饰礼台，并在 T 台两侧悬挂红灯笼，营造出奢华高贵的感觉。灯光方面，红灯笼可以起到一定的照明作用，还可以用红烛来辅助照明，整体氛围可以营造得暗一点，这样比较符合时代特色。

婚纱、新娘妆发和捧花

举行中式婚礼时，新人会身穿中式传统礼服。由于好的传统礼服非常昂贵，因此可以推荐新人采用租赁的方式。新娘妆发方面，最好化一个适合中国传统婚礼的庄重大气的妆，这类妆容的突出特点是亚光底妆、深邃的眼妆、细长的眉型和大红唇，还要掌握好色彩的深浅搭配。至于捧花，一般会在中式仪式结束后，进行西式仪式时再使用。

注意事项

1. 中国的每个时代都有它的特点。因此，婚礼策划师在面对顾客咨询时要询问其喜欢哪个时代的风格，然后了解该时代的文化状况和风格特色。也可以从电影中获取灵感。装饰中式婚礼的场地时，可能要重新装饰礼台，所以要提前与合作公司做好沟通。

2. 由于大多数新人都不了解传统中式婚礼的步骤，因此婚礼策划师需要详细告知其流程及注意事项。此外，举办中式婚礼的新人一般会将仪式分为传统婚礼和西式婚礼两个部分，因此需要预先调查可以同时租赁中式传统礼服和婚纱的礼服店。

3. 打造新娘的妆发时要注意，新娘的发型不仅需要与传统婚礼风格相符，还要与西式婚礼相符，因此需要事前与造型师商议。

4. 举行中式婚礼时，最好选择高档的摆件和装饰品，且要注意对红色的运用。若运用不当，过于夸张，会显得婚礼不够高级。

户外婚礼

风格阐释

　　相比于单调统一、同质化高的室内婚礼，在开阔的室外空间进行的户外婚礼更为自由。新人在举行仪式的同时，还可举行派对。从小时候去游乐园玩儿的回忆中汲取灵感，尽可能利用自然环境和景物进行装饰，打造一场在自由、轻松的氛围中进行的户外婚礼，可以使新人拥有值得他们回味一生的幸福时刻。

设计要点

颜色搭配

以绿色、粉红色、乳白色为主，营造轻松、生机勃勃且甜蜜的氛围。

装饰

装饰户外婚礼空间时，可在礼台前设立木桩门，尽可能地利用自然空间中的花朵来装饰，再搭配上蕾丝窗帘；以木桩门为终点搭建T台，并以T台为中心将宾客座椅布置于两侧。可使用近来非常流行的白桦木木桩门并用粉红色布艺做点缀，也可使用其他较为明艳的颜色来点缀。为了营造出轻松甜蜜的氛围，可在四周布置气球和小的盆栽，在婚礼结束后还可将盆栽分发给宾客作为伴手礼。可在入口处用木板做成迎宾导视牌。灯光方面，可以用较粗的蜡烛装饰，因为仪式是在白天的自然光中进行的，所以蜡烛只用于点缀。餐桌布置方面，适宜选用饱和度较高的亮色鲜花与素材进行装饰。

婚纱、新娘妆发和捧花

由于婚礼是在户外进行的，因此新娘最好避免选择拖尾较长的婚纱，最好选择较为轻便的婚纱。可以选择雪纺面料的帝国型婚纱，打造出既可爱又优雅的造型。由于室外没有聚光灯，因此需要选择可以突显五官立体感的妆容，例如可以化一个粉色系的明亮、甜美的妆。捧花方面，适合选择红色、橙色等饱和度较高的亮色系捧花。

注意事项

1.虽然进行户外婚礼的地点有酒店室外、画廊庭院、学校草坪及屋顶等多种选择，风格也非常适合年轻人，但选择户外婚礼意味着要面对突如其来的天气变化。因此，虽然很多新人都想举行户外婚礼，但真正选择的新人并不多。不过，婚礼策划师还是要准备好备选空间，以便满足部分新人的需求。策划户外婚礼时，婚礼策划师需做好应对雨天的备用方案。

2.在自然光中，鲜花很容易凋谢，因此婚礼策划师需要提前采取措施，且在婚礼进行的过程中时刻观察鲜花装饰的状态。

3.在户外举行婚礼时，音响、视频播放器与其他设备都需要从其他场地运到婚礼场地并安装，因此需要事前制订周密的计划，还需要与所有设备及道具公司保持密切联系，并反复确认各项事宜。

参考文献

中文参考资料：

刘德艳，2014. 婚庆策划与管理 [M]. 北京：清华大学出版社 .

王晓枚，2012. 婚礼策划实务 [M]. 北京：中国社会出版社 .

2018 年中国婚庆行业分析报告 - 市场运营态势与发展趋势研究 . (2018. 08. 28) [2019.06.08]
http://baogao.chinabaogao.com/hunjiehunqing/361547361547.html

2019-2025 年中国婚庆行业市场竞争格局及投资战略咨询报告 . (2018. 06. 28) [2019.06.08]
https://www.chyxx.com/research/201806/648775.html#chart

韩文参考资料：

김난도 외 8 인，2019. 트렌드 코리아 2018 [M]. 서울：미래의창 .

김민정 ,2016. 나의 작은 결혼식 - 작지만 로맨틱한 스몰웨딩의 모든 것 [M]. 서울: 21세기북스 .

김애경 외 1 인，2013. 미용색채학 [M]. 서울：교문사 .

김용섭，2017. 라이프 트렌드 2018 (아주 멋진 가짜) [M]. 서울：부키 .

김유순 외 3 인，2004. (스타일리스트를 위한) 이미지 메이킹 [M]. 서울：예림 .

김재영 외 3 인，2014. 이미지 메이킹 [M]. 서울：예림 .

김진숙 외 5 인，2013. 파티플래닝 [M]. 서울：교문사 .

김진아 외 1 인，2011. 마이 웨딩플래너 : 내가 만드는 행복한 결혼 준비 [M]. 서울：리스컴 .

김효신 외 4 인，2010. 결혼학 [M]. 서울：구상 .

김효정 외 1 인，2015. 웨딩플래너실무 [M]. 서울：훈민사 .

김혜림 외 1 인，2009. 한국 예식장의 스타일과 예식문화 연구 [J]. 한국디자인학회 학술발표대
회，Vol.2009 No.5：62-63.

나카지마 다카시, 2010. 설득의 다섯가지 기술 [M]. 정종숙 옮김, 서울: 예스북.

박영, 2006. 성공웨딩플래너를 위한 실무 가이드 [M]. 서울: 백산출판사.

박평호, 2016. 개인창업법인창업쉽게배우기 [M]. 서울: 한스미디어.

송현동 외 2 인, 2010. 예식산업개론 [M]. 서울: 대왕사.

신경섭 외 3 인, 2006. 결혼준비 따라잡기 [M]. 서울: 백산출판사.

신경섭, 2013. 헐리우드 로맨틱 코미디영화에 나타난 웨딩드레스의 상징적의미 연구 [J]. 웨딩산업학회, Vol.2 No.1: 5-22.

이기복, 2011. 예비부부와 기혼부부를 위한 결혼코칭 [M]. 서울: 두란노.

이연진, 2016. (웨딩디렉터를 위한) 결혼식 기획·연출·진행: 실무론 [M]. 서울: 웨딩파티.

이원숙 외 2 인, 2014. 건강가족론 [M]. 서울: 학지사.

이향숙, 2010. 웨딩플래너의 직무만족도에 관한 연구 [J]. 한국웨딩학회지, No.2: 1-19.

임현수, 2016. 카카오스토리채널마케팅 [M]. 서울: 라온북.

전선정 외 5 인, 2013. 이미지메이킹 [M]. 서울: 청구문화사.

전원희, 2000. 년대 웨딩드레스 스타일에 나타난 패션이미지 표현특성 분석 [D]. 서울: 경희대학교.

정강국 외 1 인, 2015. (쉽고 재미있는) 파티플래닝 이론과 실재 [M]. 서울: 새로미.

정주희, 2017. 결혼대백과 (20 년 차 웨딩플래너의 완벽한 결혼준비 A to Z) [M]. 서울: 청림라이프.

주영애 외 2 인, 2014. 매너와 이미지메이킹: 플러스 [M]. 서울: 신정.

최순희, 2010. 예비신부들의 웨딩서비스에 대한 인식 및 구매행위에 관한 연구 [D]. 대구: 대구한의대학교.

한국웨딩산업학회 교재편찬위원회, 2013. 웨딩공간연출 [M]. 서울: 대왕사.

한국웨딩플래너협회, 2016. 웨딩플래너 입문 [M]. 서울: 형우디앤피.

홍종숙 외 2 인, 2014. 외식 공간 연출 [M]. 서울: 교문사.

Magie Daniels, Carrie Loveless, 2011. 웨딩산업경영개론: 웨딩 플래닝과 경영 [M]. 정지원 옮김, 서울: 대왕사.

웨딩사진 출처. (2010.12.15) [2018.06.08] https://blog.naver.com/jennicelim/150098956804

웨딩사진 출처. [2017.12.13] https://elements.envato.com

중기업청용어. (2010. 11. 18)[2018.04.06] http://www.korea.go.kr

한국경제신문，한국경제용어 . (2013. 08. 23) [2018.04.19] http://dic.hankyung.com

英文参考资料：

Annabel Beeforth，2012. Style Me Vintage Weddings [M]. Chicago：Chicago Review Press.

Alfred A Knope，2012. Vogue Weddings Brides Dresses Designers [M]. Random House INC.

Caselton et al.，2010. Wedding Inspirations：Stylish Ways to Create A Perfect Day [M]. N.Y.：Ryland Peters & Small London.

Catherine Sabino，2009. Stylish Weddings for Less [M]. N.Y.：Filipacchi publishing.

Dinah Braun Griffin et al.，1983. The Bride Guide [M]. N.Y.：Barricade Books Inc.

Editors of Life，2011. The Royal Wedding [M]. London：Life; Expanded，Commemorative edition.

Emma Arendosk，2014. The Inspired Wedding [M]. Maine Portland：Barricade Books Inc，Sellers Publishing.

Gueirard et al.，2010. Weddings [M]. Layton，Utah：Gibbs Smith Salt Lake City.

Haedecke et al.，2008. Royal Weddings [M]. Kempen：teNeues.

Hamilton et al.，2009. Wedding Style：Hundreds of Tops and Secrets from the Professionals for Styling Your Own Big Day [M]. N.Y.：Ryland Peters & Small London.

Helen Bradley Foster et al.，2003. Wedding Dress Across Cultures [M]. N.Y.：BERG.

Hueston et al.，2010. Weddings：Ideas & Inspirations for Celebrating In Style [M]. N.Y.：Hearst Books.

Lake Selina et al.,2013. Pretty Pastel Style：Decorating Interiors with Pastel Shades [M]. N.Y.：Ryland Peters & Small London.

Margaret Caselton，2010. Wedding Inspirations [M]. London：Ryland Peters & Small.

Marnie Fogg et al.，2013.Vintage Handbags [M]. N.Y.：Carlton London.

Marnie Fogg et al.，2012. Vintage Weddings：One Hundred Years of Bridal Fashion and Style [M]. N.Y.：Lark Craft.

Marie Proeller Hueston，2010. Weddings [M]. London：Hearst books.

Merry et al., 2015. The Wedding Reception [M]. South Portland: Sellers Publishing.

Mindy Weiss, 2007. The Wedding Book [M]. N.Y.: Workman Publishing.

Louise Moon et al., 2012. The Natural Wedding: Ideas and Inspirations for Stylish and Green Celebration [M]. N.Y.: Universal Publishing.

Pauge Appel et al., 2012. The New-Fashioned Wedding [M]. N.Y.: Rizzoli.

Philip Delamore, 2006. The Perfect Wedding Dress [M]. N.Y.: A Firefly book.

Randy Fenoli, 2011. It's All about the Dress [M]. N.Y.: Grand Central Life & Style.

Royal Collection Publications, 2007. Five Gold Rings [M]. London: St.Jame's Palace.

Samson et al., 2004. Outdoor Weddings: Unforgettable Celebrations in Storybook Settings [M]. San Francisco, Clifornia: Chronicle Books LLC.

Tiziana et al., 2001. Wedding Ceremonies [M]. Paris: Flammarion.

Tutera et al., 2011. My Fair Weeding [M]. N.Y.: Gallery Books.

Tutera et al., 2010. The Big White of Weddings [M]. N.Y.: St. martin's Press.

Vera wang, 2001. Verawang on Weddings [M]. N.Y.: Harper Resources.

Veronique Henderson et al., 2010. Be a Beautiful Bride [M]. N.Y.: Hachette book Group.

Wackerl et al., 2012. Royal Style: A History of Aristocratic Fashion Icons [M]. Munich: Prestel.

图片来源

Envato（elements.envato.com）图片库：p.1，p.2，p.4，p.15，p.21，p.23（上），p.112（左下角），p.115，p.127，p.162，p.192（上），p.200（上），p.202，p.225，p.227，p.241（左上）

63 Wedding Hall（首尔63大厦婚礼堂）：p.7，p.11，p.191（右上），p.205

Daniel K.（首尔清潭洞珠宝店）：p.12，p.92（下方三张），p.241（右下）

Nature Photography（首尔婚纱影楼）：p.22，p.56，p.69，p.75，p.79，p.80，p.83（下右），p.91（下），p.103，p.104（左上，右上，左下），p.106，p.109（左，右），p.123，p.155，p.181，p.186，p.188，p.191（左上），p.197，p.203，p.229（左），p.236，p.240，p.241（右上）

Lee Myeong Sun Wedding（首尔婚纱店）：p.23（下），p.170

吴美花本人提供：p.25

朴秀贤本人提供：p.27，p.28

李秀敏本人提供：p.29

洪英润本人提供：p.30

Claudia Wedding Company（首尔婚纱店）：p.31，p.83（上右，下中），p.84（下中，下右），p.85（下中），p.95，p.96，p.104（右下），p.206，p.223

美美本人提供：p.32

万飒本人提供：p.33

The Chapel at Cheongdam（首尔清潭洞婚礼堂）：p.35，p.44，p.192（下），p.193（左上），p.200（左下）

Riverside Hotel Seoul（首尔河畔酒店）：p.40，p.233，p.234（中），p.235（上左）

Dress Garden（首尔清潭洞婚礼堂）：p.41，p.42（上），p.193（左下）

The Cheongdam（首尔清潭洞婚礼堂）：p.42（下），p.129，p.193（右）